WAS IST WAS

NATURWISSENSCHAFTEN easy!

PURER ZUFALL?

Wahrscheinlichkeiten und Glück berechnen

Dr. Wolfgang Blum

TESSLOFF

Alles Zufall?

Faustregeln

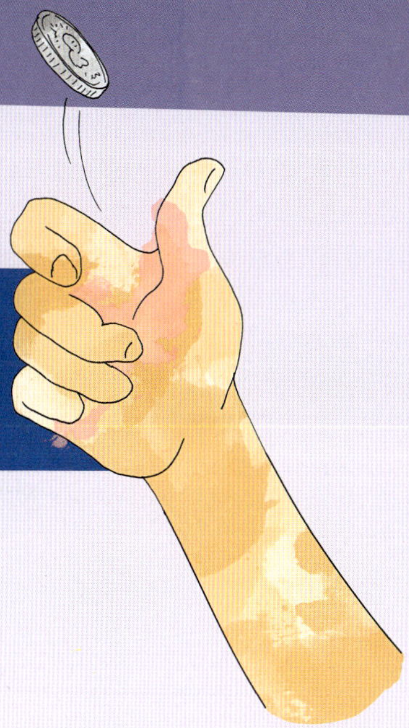

Anders als gedacht

Richtig schließen

Alles Zufall?

Dein ganzes Leben ist vom Zufall bestimmt. In welche Familie wurdest du hineingeboren? Welche Talente schlummern in dir? Welche Lehrerinnen und Lehrer unterrichten dich? Wem begegnest du sonst noch in deinem Leben?

Überall Wahrscheinlichkeiten

Wie groß solche Zufälle in deinem Leben sind, lässt sich nur in Ansätzen abschätzen. Für eine genaue Berechnung fehlen uns Informationen. Andere Wahrscheinlichkeiten hingegen, wie zum Beispiel die Chancen beim Würfeln, Lotto oder Roulette, können wir genau ermitteln. Aber auch in Wissenschaft und Technik spielt die Mathematik des Zufalls eine wichtige Rolle. In der Physik, der Medizin, bei der Energieversorgung, im Finanzwesen oder beim Sport – überall arbeiten die Fachleute mit Wahrscheinlichkeiten.
In den Medien begegnen dir ständig farbige Grafiken und Diagramme. Sie stellen nackte Zahlen anschaulich dar. Und auch hinter ihnen steckt meist die Mathematik des Zufalls, selbst wenn das nicht auf den ersten Blick sichtbar ist. Viele dieser bunten Bilder beruhen auf Schätzwerten. Manche stellen die Zahlen zudem so dar, wie es denen gefällt, die sie in Auftrag gegeben haben. Daher solltest du Grafiken und Diagramme stets mit Vorsicht betrachten.

Brüche und Prozente

Wahrscheinlichkeiten werden meist in Brüchen oder Prozenten ausgedrückt. Prozente geben an, in wie vielen von 100 Fällen das betreffende Ereignis eintritt. Wirfst du zum Beispiel eine Münze, erwartest du, dass Kopf ebenso häufig wie Zahl erscheint, bei 100 Würfen also etwa 50-mal. Die Wahrscheinlichkeit für Kopf ist daher 50 Prozent oder ein halb, in Zeichen $\frac{1}{2}$.

Den Sieg berechnen

Mit welcher Wahrscheinlichkeit wird der Gegner welche Spielzüge und Strategien anwenden? Ohne die Mathematik des Zufalls gibt es im Ballsport – zumindest bei den Profis – nichts mehr zu gewinnen.

Bunte Bilder

In Zeitungen, im Fernsehen oder im Internet findest du häufig Grafiken und Diagramme. Sie geben oft Hochrechnungen wieder. Das heißt, jemand hat einzelne Daten erhoben und daraus eine Schätzung für die Allgemeinheit abgeleitet. Bei Umfragen etwa werden 1 000 oder 2 000 Personen interviewt und deren Antworten auf eine große Menge, zum Beispiel alle Deutschen, übertragen. Und das sind über 80 Millionen!

Schuldig oder nicht?

Am Ort eines Verbrechens findet die Polizei oft Fingerabdrücke des Täters. Stimmen sie mit denen des Verdächtigen überein? Vor Gericht müssen Gutachter belegen, mit welcher Wahrscheinlichkeit die Spuren auf den Angeklagten zurückzuführen sind.

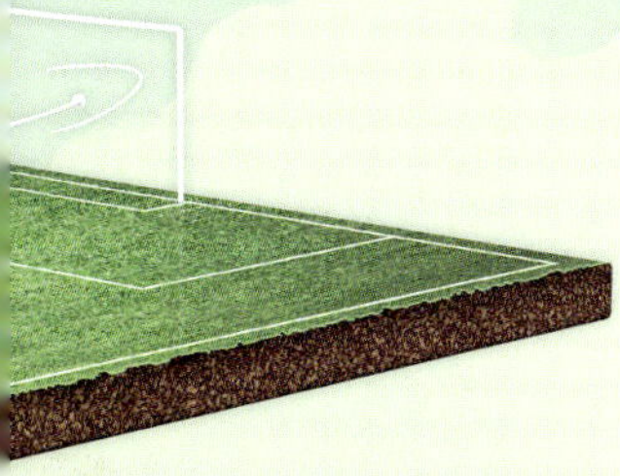

Was ist Zufall?

In der Philosophie streiten die Gelehrten seit Jahrtausenden darüber, was Zufall eigentlich bedeutet und ob es ihn überhaupt gibt. Mathematikerinnen und Mathematiker hingegen berechnen ihn einfach.

überall Wahrscheinlichkeiten

Physik
Um etwa das Fließen von Wasser in einem Rohr zu erfassen, müssten Physikerinnen und Physiker eine riesige Menge von Teilchen einzeln berechnen. Da das nicht möglich ist, rechnen sie mit dem durchschnittlichen Verhalten der Teilchen. Hinter dieser sogenannten statistischen Physik steckt nichts anderes als die Mathematik des Zufalls.

Quantenphysik
Als die Physik vor gut 100 Jahren erstmals die kleinsten Bausteine der Materie untersuchte, erlitt die Fachwelt einen Schock: Bei diesen sogenannten Quanten ließ sich ihr Aufenthaltsort nicht genau bestimmen. Denn sie existieren nur mit einer gewissen Wahrscheinlichkeit an einer Stelle. Dank der Mathematik des Zufalls können die Fachleute dennoch mit ihnen rechnen.

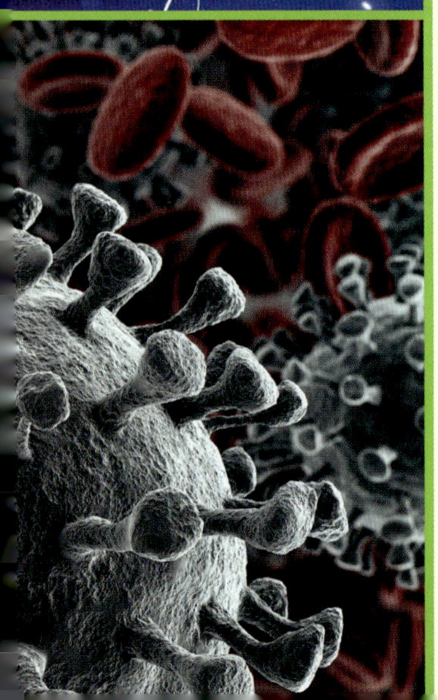

Medizin
Um zu berechnen, wie sich Krankheiten wie Grippe oder Corona verbreiten, muss man abschätzen, wie viele Kontakte die Beteiligten haben und mit welcher Wahrscheinlichkeit eine infizierte Person eine gesunde ansteckt. So lässt sich herausfinden, wie stark zum Beispiel das Tragen von Gesichtsmasken die Zahl der Infizierten senken würde.

Die Mathematik des Zufalls nennt man Wahrscheinlichkeitsrechnung oder wissenschaftlich: Stochastik. Sie hat viele Anwendungsgebiete, spielt aber auch im Alltag eine große Rolle. So kannst du damit zum Beispiel deine Chancen bei Glücksspielen berechnen. Das reicht von Würfelspielen wie Kniffel oder Mensch-ärgere-dich-nicht bis zu Lotto und Roulette. Bei Wetten kannst du damit oft ermitteln, wie wahrscheinlich du gewinnst. Und in Alltagssituationen kannst du manches besser abschätzen, etwa wie lange du noch auf den Bus warten musst. Vor allem aber ist sie aus der modernen Wissenschaft und Technik nicht mehr wegzudenken.

Vom Glücksspiel zur Versicherung

Das fing schon kurz nach der Erfindung der Wahrscheinlichkeitsrechnung im 17. Jahrhundert an. Die Ersten, die Mathematiker damit beauftragten, Wahrscheinlichkeiten zu errechnen, waren Adlige. Und warum? Weil sie sehr viel Geld bei Glücksspielen einsetzten. Wenn sie oft verloren hatten, wollten sie von den Gelehrten erfahren, wie sie künftig besser abschneiden konnten.

Schon bald danach gründeten sich die ersten Versicherungen. Und deren Geschäft konnte nur mithilfe der Mathematik des Zufalls aufgehen. Wie groß ist das Risiko, dass eine Versicherung für einen Schaden aufkommen muss? Wie hoch sind dann vermutlich die Kosten? Und wie viel müssen die Unternehmen ihren Kunden berechnen, damit sie im Fall eines Schadens nicht pleitegehen?

Noch heute beschäftigen alle Versicherungen Mathematikerinnen und Mathematiker, um ihre Risiken abzuschätzen. Darüber hinaus spielt die Wahrscheinlichkeitsrechnung in vielen anderen Bereichen eine wichtige Rolle.

Energie

Vor dem Bau eines neuen Windkraftwerks müssen die Planenden wissen, wann wie viel Wind am Standort weht. Da der Wind mal stärker und mal schwächer bläst, kann das nur die Wahrscheinlichkeitsrechnung erfassen. Mit ihr lassen sich die Luftbewegungen beschreiben. Erst dadurch können die Fachleute herausfinden, welches Windrad die beste Ausbeute bietet.

Verkehr

Fast immer sind Flugzeugunglücke auf eine Kette von Ursachen zurückzuführen. Ein technisches Problem trifft etwa bei schlechtem Wetter auf einen Fehler der Pilotin oder des Fluglotsen. Um solche Verkettungen künftig zu vermeiden, setzen Behörden und Fluggesellschaften auf die Mathematik des Zufalls.

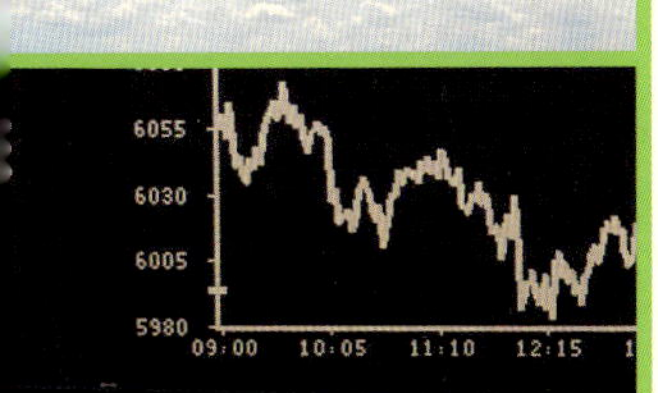

Finanzmärkte

An den internationalen Finanzmärkten entscheiden heute Computer in Sekundenbruchteilen darüber, ob ein Wertpapier ge- oder verkauft wird. Die verwendeten Programme bestimmen mit Wahrscheinlichkeitsrechnung die Chancen, dabei Gewinne einzustreichen. Nur so lässt sich das Risiko abschätzen, wenn der Rechner zum Beispiel für viele Millionen Euro eine Aktie erwirbt.

Sport

Aus dem Leistungssport ist die Mathematik des Zufalls nicht mehr wegzudenken. Suchen Mannschaften in Ballsportarten etwa die beste Strategie, um das nächste Spiel zu gewinnen, erfassen sie die vergangenen Partien der beteiligten Teams. Mit welcher Wahrscheinlichkeit wird der Gegner aggressiv oder abwartend beginnen? Und welche Möglichkeiten hat die eigene Mannschaft, darauf zu antworten?

Verbrechen

Oft findet die Polizei Fingerabdrücke, Speichel, Haare oder Blut am Tatort eines Verbrechens. Das kriminaltechnische Labor untersucht dann den Fingerabdruck oder die Erbsubstanz in den menschlichen Zellen. Vor Gericht muss schließlich ein Gutachten feststellen, wie groß die Wahrscheinlichkeit ist, dass der Fund der oder dem Angeklagten zuzuordnen ist.

Torten und Balken

Fast immer, wenn du in der Zeitung, in Zeitschriften oder im Internet eine Grafik siehst, steckt die Mathematik des Zufalls dahinter. Auf den ersten Blick ist das nicht immer zu erkennen. Die farbigen Torten und Balken in den Diagrammen erwecken den Eindruck, hier seien unumstößliche Tatsachen dargestellt. In Wirklichkeit sind die bunten Bilder oft das Ergebnis von Hochrechnungen.

Der US-amerikanische Schriftsteller Mark Twain schlug vor gut 100 Jahren folgende Steigerungsformen des Lügens vor: »Erstens: nobel gemeinte Notlügen, zweitens: gewöhnliche Lügen und drittens: Statistik.«

Hochgerechnet

Beispiel Sonntagsfrage: Regelmäßig kannst du lesen, welche Parteien wie viel Prozent der Stimmen erhalten würden, wenn am nächsten Sonntag die Bundestagswahl stattfände. Natürlich hat sich niemand die Mühe gemacht, mehr als 60 Millionen Wahlberechtigte in Deutschland zu fragen. Vielmehr beruhen solche Grafiken auf Umfragen, an denen in der Regel 1000 oder 2000 Personen teilnehmen. Ob die Befragten tatsächlich genauso abstimmen, wie es alle Wahlberechtigten tun würden, weiß niemand. »Es ist mir noch heute rätselhaft, dass man herausbringt, was 60 Millionen Menschen denken, wenn man 2000 Menschen befragt«, sagte einmal Deutschlands damals bekannteste Meinungsforscherin Elisabeth Noelle-Neumann. »Erklären kann ich das nicht. Es ist eben so.« Genaue Zahlenangaben solltest du dennoch mit Vorsicht genießen.

Beispiel Müll: Ob in Deutschland wirklich genau 632 Kilogramm Müll pro Person anfallen, wie unlängst in einer Grafik behauptet, ist nicht gesagt. Denn natürlich hat niemand die gesamte Müllmenge gewogen und anschließend durch die Einwohnerzahl geteilt. Die Angabe ist das Ergebnis einer Hochrechnung, in der viel weniger Personen erfasst sind.

Geschickt gefragt

Viele Statistiken geben die Ergebnisse von Umfragen wieder. Bei ihnen ist besonders große Vorsicht angesagt. Wie wurden die Menschen ausgewählt, die befragt wurden? In der Mitte von Berlin lauten die Antworten auf sehr viele Fragen bestimmt anders als auf dem Land in Mecklenburg-Vorpommern.

Ebenfalls wichtig ist der Wortlaut. Auf die genaue Frage kommt es an. »Sollte die Bundesregierung angesichts von Klimawandel und mangelnden Rohstoffen ein Tempolimit auf Autobahnen einführen?« würde andere Ergebnisse hervorrufen als »Die Freiheit der Bürgerinnen und Bürger ist ein wichtiges Gut. Sollte die Bundesregierung trotzdem ein Tempolimit auf Autobahnen einführen?«.

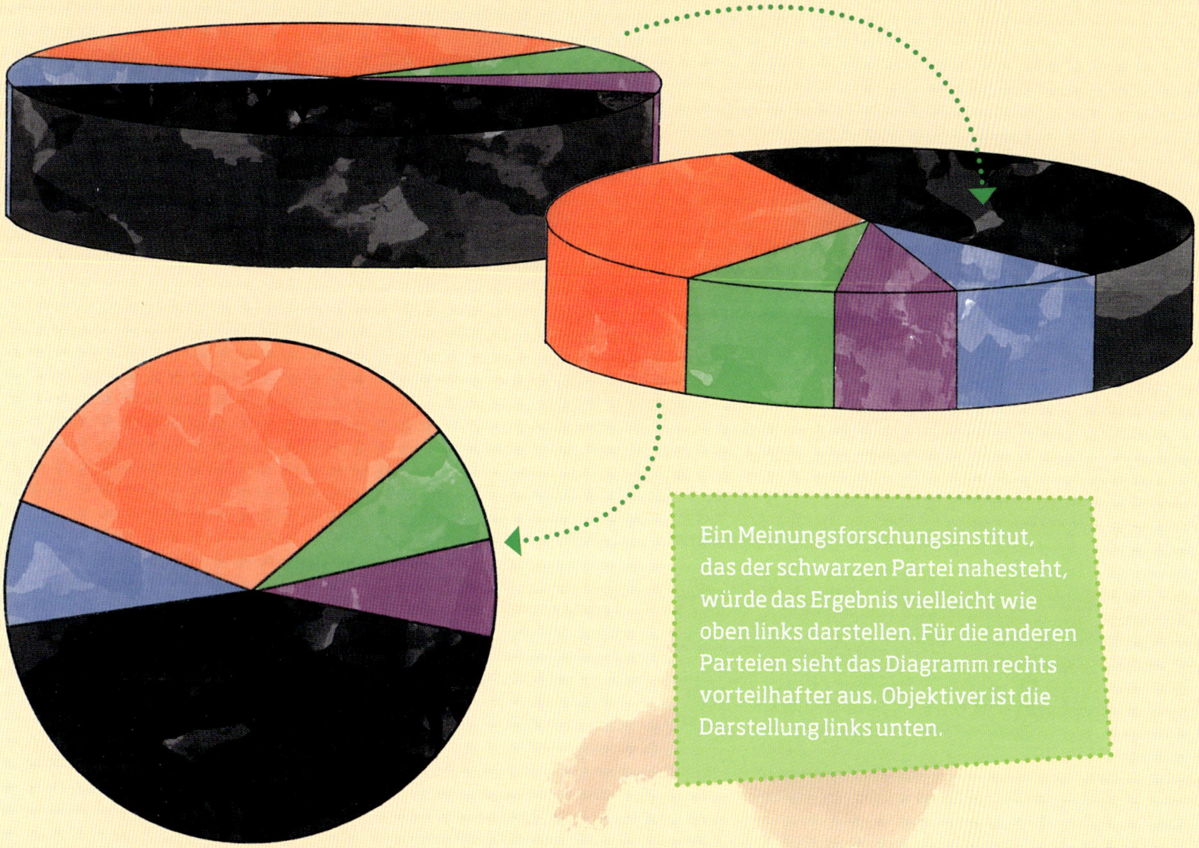

Ein Meinungsforschungsinstitut, das der schwarzen Partei nahesteht, würde das Ergebnis vielleicht wie oben links darstellen. Für die anderen Parteien sieht das Diagramm rechts vorteilhafter aus. Objektiver ist die Darstellung links unten.

Meist stimmen die Hochrechnungen mehr oder weniger. Doch ein kritischer Blick darauf kann nicht schaden. Gerade bei Wahlen unterscheidet sich das Ergebnis häufig recht deutlich von den Umfragen in den Wochen vor dem Wahltermin.

Kurven der Wahrheit

Wie die Zahlen dargestellt sind, solltest du dir ebenfalls immer genau anschauen. Das fängt schon mit ihrer Auswahl an. Sind alle wichtigen Zahlen enthalten? Und stimmen die Verhältnisse zueinander? Sind Unterschiede übertrieben hervorgehoben?
Die drei Tortendiagramme oben geben alle denselben Sachverhalt wieder. Sie zeigen, wie fünf Parteien bei einer Wahl abgeschnitten haben. Links unten sind die Zahlen nüchtern dargestellt. Links oben sieht man von vorn auf das Diagramm; dadurch wirkt die schwarze Fläche viel größer als die übrigen. Hat diese Partei so klar gewonnen? Nein! Wenn man das Diagramm rechts daneben ansieht, fällt das Übergewicht der schwarzen Fläche optisch viel geringer aus, Rot und Schwarz scheinen beinahe gleich viele Stimmen bekommen zu haben.

Schlechter Ruf

Grafiken, die Zahlenverhältnisse abbilden, nennt man auch Statistiken. In der Mathematik bedeutet der Begriff »Statistik« eigentlich das Teilgebiet, das Massenerscheinungen mithilfe einzelner Beobachtungen zu erfassen versucht. Statt Millionen Daten zu erheben, wird bei ihr von einzelnen Stichproben hochgerechnet. Dabei schätzen die Fachleute mit mathematischen Methoden ab, welche Fehler auftreten können.
Allerdings werden viele Statistiken im Auftrag von Firmen, Parteien oder Vereinen erstellt. Und die haben meist ein spezielles Interesse an den erhobenen und grafisch aufgearbeiteten Zahlen. Das führt nicht selten dazu, dass die Statistiken im Sinne des Auftraggebers ausfallen. Daher hat die Statistik nicht überall einen guten Ruf. Ein gern zitierter Spruch lautet: »Traue keiner Statistik, die du nicht selbst gefälscht hast.«

%

Wie wahrscheinlich?

Wenn du eine Münze wirfst, gibt es nur zwei Möglichkeiten: Kopf oder Zahl. Ist die Münze fair, sind beide Ergebnisse gleich wahrscheinlich. Dafür, dass Kopf zu sehen ist, stehen die Chancen genauso 1 zu 1 wie dafür, dass Zahl fällt.

Teile der Pizza

In der Mathematik drückt man eine Wahrscheinlichkeit meist als eine Zahl zwischen 0 und 1 aus. Die 0 steht dabei für ein Ereignis, dass unmöglich ist. Im Fall des Münzwurfes zum Beispiel die Wahrscheinlichkeit, dass die Münze nie auf dem Boden landet. Die 1 steht für ein sicher eintretendes Ereignis, etwa dass die Münze entweder Kopf oder Zahl zeigt.
Zwischen 0 und 1 gibt es keine ganzen Zahlen, sondern nur Brüche. Brüche sind Anteile. Da beim Münzwurf Kopf und Zahl gleich häufig auftreten, sind die Wahrscheinlichkeiten mit jeweils ein halb, in Zeichen $\frac{1}{2}$, gleich groß.

Vorstellen kannst du dir Brüche mithilfe einer Pizza. Schneidest du sie einmal in der Mitte durch, erhältst du zwei Hälften, also zwei Stücke, die jeweils eine halbe Pizza sind.
Beim Würfeln hast du sechs gleich wahrscheinliche Ergebnisse. Die Chancen dafür, eine Sechs zu würfeln, stehen 1 zu 5. Die 1 steht dabei für die Sechs, die 5 für die fünf anderen Würfelergebnisse von Eins bis Fünf. Die Sechs ist also ein Ergebnis von sechs möglichen.
Die Wahrscheinlichkeit für eine Sechs ist dann 1 von 6, also ein Sechstel, in Zeichen $\frac{1}{6}$.

Stelle dir eine Pizza vor, die in sechs gleich große Stücke geschnitten ist. Die Wahrscheinlichkeit, entweder eine Fünf oder eine Sechs zu würfeln, beträgt zwei Sechstel, in Zeichen $\frac{2}{6}$. Das wären also zwei der sechs Pizzastücke.

Null Komma ...

Welcher von zwei Brüchen der größere ist, kann man ihnen oft nicht ansehen. Denn das hängt von der Zahl über dem Strich, dem Zähler, und der unter dem Strich, dem Nenner, ab. Deshalb werden für Wahrscheinlichkeiten oft Kommazahlen, sogenannte Dezimalbrüche, verwendet. Du kannst jeden Bruch in eine Kommazahl umrechnen, indem du seinen Zähler durch seinen Nenner teilst.
Wie das geht, wenn der Zähler kleiner als der Nenner ist? Ganz ähnlich wie das schriftliche Teilen, das du aus der Grundschule kennst. 1 durch 2 zum Beispiel ergibt 0 Rest 1. Du schreibst also 0 hin und dahinter ein Komma. An den Rest 1 hängst du jetzt eine 0 an und rechnest 10 durch 2. Das ergibt 5. Insgesamt hast du somit 1 durch 2 gleich 0,5, in Zeichen $\frac{1}{2} = 0{,}5$.

Bei 1 durch 6 schreibst du als Erstes eine 0 gefolgt von einem Komma hin. Für die erste Stelle nach dem Komma hängst du an die 1 wieder eine 0 an und rechnest 10 durch 6. Das ergibt 1 Rest 4. Die 1 schreibst du hinter das Komma. An die 4 hängst du wieder eine 0 an und rechnest 40 durch 6. Das macht 6 Rest 4. Die 6 schreibst du hinter die 0,1. Hinter die 4 kommt wieder eine 0 und das Spiel geht von vorn los. 40 durch 6 gibt 6 Rest 4. Offensichtlich wiederholen sich die Zahlen. Das Ergebnis ist demnach 0,16666… Die Reihe der Sechser geht dabei ins Unendliche weiter. In der Mathematik schreibt man dafür einen Strich über die 6, also $0{,}1\overline{6}$.

Schon gewusst?

Prozent kommt vom italienischen »per cento«, zu deutsch »für hundert«. Das Zeichen % rührt wahrscheinlich von der Abkürzung cto für cento her. Im Lauf der Zeit wurde aus dem c ein Kreis und aus dem t der schräge Strich; das o danach ist ja ohnehin ein kleiner Kreis.

Von hundert

Neben Brüchen und Kommazahlen sind Wahrscheinlichkeiten häufig in Prozent angegeben – dafür gibt es das Zeichen %. Nimmst du eine Kommazahl mal 100, hast du sie in Prozent umgerechnet. Beim Münzwurf ist die Wahrscheinlichkeit für Kopf oder Zahl jeweils $0{,}5 \cdot 100 = 50$ Prozent, in Zeichen 50 %. Du kannst dir das so vorstellen, dass bei 100 Würfen jeweils ungefähr 50-mal Kopf und 50-mal Zahl herauskommt. Eine Sechs würfelst du zu $16{,}\overline{6}$ Prozent. Bei 100-maligem Würfeln sind also etwa 16 oder 17 Sechser zu erwarten. Im Gegensatz zu Brüchen siehst du bei zwei Prozentzahlen auf den ersten Blick, welche größer ist. Deswegen werden in den Medien Wahrscheinlichkeiten meist in Prozent angegeben.

Einfach eintippen

In der Schule lernst du die Rechenregeln für Brüche, Kommazahlen und Prozente. Für uns genügt es, wenn du mit einem Taschenrechner oder deinem Smartphone umgehen kannst. Willst du einen Bruch in eine Kommazahl umwandeln, teilst du den Zähler, also die Zahl oben, durch den Nenner, die Zahl unten. Um von einer Kommazahl auf Prozente zu kommen, nimmst du die Zahl mal 100 – umgekehrt teilst du sie durch 100.

Willst du einen Bruch in eine Kommazahl umwandeln, rechnest du so ähnlich, wie du das beim schriftlichen Teilen in der Grundschule gelernt hast. Oder du verwendest einen Taschenrechner.

Die Tabelle zeigt dir Umrechnungen von häufig vorkommenden Brüchen in Kommazahlen und Prozente.

Bruch	Kommazahl	Prozente
0	0	0 %
$\frac{1}{100}$	0,01	1 %
$\frac{1}{10}$	0,1	10 %
$\frac{1}{8}$	0,125	12,5 %
$\frac{1}{6}$	$0{,}1\overline{6}$	$16{,}\overline{6}$ %
$\frac{1}{5}$	0,2	20 %
$\frac{1}{4}$	0,25	25 %
$\frac{1}{3}$	$0{,}\overline{3}$	$33{,}\overline{3}$ %
$\frac{1}{2}$	0,5	50 %
$\frac{2}{3}$	$0{,}\overline{6}$	$66{,}\overline{6}$ %
$\frac{3}{4}$	0,75	75 %
$\frac{4}{5}$	0,8	80 %
$\frac{5}{6}$	$0{,}8\overline{3}$	$83{,}\overline{3}$ %
$\frac{7}{8}$	0,875	87,5 %
$\frac{9}{10}$	0,9	90 %
$\frac{99}{100}$	0,99	99 %
1	1	100 %

Was ist ein Zufall?

Manche Fragen erscheinen umso schwieriger, je länger man über sie nachdenkt. Ist es wirklich Zufall, wenn du zum Beispiel deine Klassenkameradin im Urlaub in Italien triffst? Genau betrachtet ist da nichts Zufälliges dran. Sie ist mit ihren Eltern eben in denselben Badeort wie deine Familie gefahren. Vielleicht hast du oft von eurem Urlaub dort erzählt, deine Freundin hat es ihren Eltern erzählt und jetzt sind sie auch dorthin gefahren.

Alles berechenbar

Der griechische Philosoph Demokrit glaubte schon vor fast 2500 Jahren nicht an den Zufall. Er stellte dazu ein Gedankenexperiment an: Zwei Sklaven, die von ihren beiden Herren absichtlich zur selben Zeit an denselben Ort geschickt werden, halten ihr Treffen vermutlich für einen Zufall. Dabei war es von ihren Besitzern geplant. Genauso erkläre sich die Menschheit in Wirklichkeit berechenbare Ereignisse als Zufall, weil sie die wahren Umstände nicht kenne. »Die Menschen haben sich im Zufall ein Trugbild geschaffen, eine Ausrede für ihre eigene Torheit«, urteilte Demokrit.
Aber wie ist es mit Würfeln? Da bestimmt doch der Zufall, wie sie fallen, oder? Nein, auch das hat eigentlich nichts mit Zufall zu tun. Wüssten wir die Beschaffenheit der Unterlage und die Bewegungen beim Werfen mit hoher Genauigkeit, könnten wir ausrechnen, wie der Würfel fällt. Nur weil wir das Würfeln nicht mit solcher Präzision vermessen, wirkt das Ergebnis auf uns zufällig.
Ähnliches gilt für Lotto, Roulette & Co. Ja sogar für das ganze Leben. Könnten wir alle Voraussetzungen genauestens bestimmen, ließe sich – zumindest theoretisch – die weitere Entwicklung berechnen. Allerdings würden dafür nicht einmal alle Computer auf der Erde zusammen ausreichen.

Demokrit
ca. 460 v. Chr.–ca. 370 v. Chr.

Der Dämon

Das ist zumindest die Theorie des sogenannten Laplace'schen Dämons. Sie besagt, dass eine Intelligenz, die den Zustand der Welt zum jetzigen Zeitpunkt in allen Einzelheiten kennt, die Zukunft exakt vorausberechnen könnte. Diese Intelligenz nannte der Schöpfer der Theorie, der französische Mathematiker Pierre-Simon Laplace, den Dämon und er stieß damit schon vor 200 Jahren eine Diskussion in den Naturwissenschaften an, die immer noch andauert.
Ist tatsächlich alles berechenbar und der Zufall eine Einbildung der Menschen? Lange war das die vorherrschende Meinung der Gelehrten. Wenn wir nicht alles vorhersehen könnten, läge das nur an unserem mangelnden Wissen. Denn die Welt gehorche den physikalischen Gesetzen. Deshalb sei die Zukunft vorhersehbar, wenn man deren jetzigen Zustand nur genau genug messen könne.
Vor gut 100 Jahren kam aber ein gewichtiger Einwand gegen diese Ansicht auf: die physikalische Quantentheorie. Nach ihr verhalten sich kleine Teilchen wie zum Beispiel Atome oder deren Bestandteile, die sogenannten Quarks, zufällig. Sie lassen

sich nicht exakt vermessen. Je genauer man zum Beispiel den Ort eines Teilchens bestimmt, umso weniger genau lässt sich seine Geschwindigkeit messen. Und je genauer man seine Geschwindigkeit feststellt, desto weniger genau lässt sich sein Ort bestimmen. Das bedeutet, dass unser Dämon nie den exakten Zustand der Welt kennen und daher auch die Zukunft nicht berechnen kann.

Und die Mathematik?

In der Philosophie wird weiterhin über das Wesen des Zufalls gestritten. Mathematikerinnen und Mathematiker haben dagegen einen anderen Weg eingeschlagen. Sie diskutieren nicht über den Zufall, sondern berechnen ihn. Die Wahrscheinlichkeit, eine Sechs zu würfeln, bleibt schließlich ein Sechstel – auch wenn das Würfeln eigentlich gar nichts mit dem Zufall zu tun hat.

Die mathematische Grundlage

Lange wurde in der Mathematik über den Begriff der Wahrscheinlichkeit gestritten. Vor knapp 100 Jahren stellte Andrei Kolmogorow eine Lösung vor. Sie beruht auf abstrakten mathematischen Theorien, die auf den ersten Blick nichts mit der Wirklichkeit zu tun haben. Viele Jahre war der Ansatz des russischen Mathematikers in der Fachwelt umstritten, bis er sich schließlich durchsetzte.

Andrei Kolmogorow
1903–1987

Laplace'scher Dämon

Der freie Wille

Unser Denken besteht aus dem Feuern von Nervenzellen in unserem Gehirn. Es beruht daher auf einem rein physikalischen Geschehen. Kann der Laplace'sche Dämon es vorausberechnen? Und wenn ja, haben wir dann überhaupt einen freien Willen? Über diese Frage diskutieren die Fachleute noch. Der Bremer Neurobiologe Gerhard Roth etwa meint: »Der freie Wille ist nur eine nützliche Illusion.«

Théophile Gautier
1811–1872

»Zufall ist vielleicht das Pseudonym Gottes, wenn er nicht selbst unterschreiben will«, meinte der französische Schriftsteller Théophile Gautier ironisch.

Faustregeln

Oft kannst du dem Zufall auf die Schliche kommen, indem du ein paar einfache Regeln anwendest. So kannst du ohne viel Rechnerei deine Chancen abschätzen.

Kein Gedächtnis

Wenn du dreimal nacheinander eine Sechs gewürfelt hast, kann doch nicht noch eine vierte kommen, oder? Doch! Die Wahrscheinlichkeit, eine Sechs zu erzielen, ist immer ein Sechstel. Der Würfel hat kein Gedächtnis. Er weiß nicht, dass er schon dreimal diese Augenzahl gezeigt hat. Entsprechendes gilt für Münzwurf, Lotto und Roulette.

Von wenig auf viel schließen

Bei Glücksspielen kannst du deine Chancen oft genau ausrechnen. Im wirklichen Leben fehlen dir dazu meist Informationen. Aber selbst wenn du nur wenig über eine Sache weißt, kannst du auf Faustregeln zurückgreifen. Mit ihnen kannst du ohne langwierige Rechnungen bestimmen, wie die Wahrscheinlichkeiten ungefähr einzuschätzen sind. So gelingt es, von wenigen Beobachtungen auf allgemeine Zusammenhänge zu schließen. Kennst du zum Beispiel die Körperlänge von sechs Menschen, kannst du abschätzen, wie sich die Körperlängen aller Deutschen verteilen.
Und keine Sorge: Hinter den Faustregeln steckt Mathematik. Das heißt, du kannst dich auf sie verlassen. Sie sind bewiesen und damit zu 100 Prozent richtig.

Der Erwartungswert

Bei Glücksspielen kannst du den sogenannten Erwartungswert berechnen. Er spiegelt deine Chancen zu gewinnen wider. Beim Roulette liegt er bei rund -0,027. Das heißt, im Durchschnitt verlierst du auf lange Sicht pro Spiel bei jedem Euro, den du einsetzt, 2,7 Cent.

Das große Los
Beim Lotto sind schon einige Menschen Millionäre geworden. Doch wie hoch ist die Wahrscheinlichkeit zu gewinnen? Und welche Zahlen sollte man ankreuzen, um seine Chancen zu verbessern?

Auf dem Mond gelandet

Es gibt Leute, die davon überzeugt sind, dass noch nie ein Mensch den Mond betreten hat. Die NASA hätte vielmehr die Landung dort in einem Filmstudio vorgespielt. Mit der Mathematik des Zufalls lässt sich diese Behauptung widerlegen. Denn dass eine solche Fälschung bis heute nicht aufgeflogen wäre, ist einfach sehr unwahrscheinlich.

Wie lange noch?
Kann man abschätzen, wie lange etwas noch weiter existiert? Ja, das geht. Wenn etwas vor x Jahren entstanden ist, wird es mit einer Wahrscheinlichkeit von 75 Prozent innerhalb der nächsten 3 mal x Jahre untergehen. Beispiele sind die Existenz des Menschen oder die Berliner Mauer.

Normalverteilt
Viele Größen wie die Körperlänge oder die Intelligenz von Menschen sind auf eine bestimmte Art um ihren Mittelwert gestreut. Dadurch kannst du mit nur wenigen Daten auf die Allgemeinheit schließen. So kannst du nicht nur Mittelwerte abschätzen, sondern auch, wie viele Menschen wie weit von ihnen entfernt sind.

Hat der Würfel ein Gedächtnis?

Du kennst das: Beim Mensch-ärgere-dich-nicht brauchst du eine Sechs. Und es will einfach keine kommen. Du denkst dir: »Nach so vielen Fehlversuchen muss doch endlich wieder mal eine Sechs fallen.« Aber das ist falsch. Bei jedem Wurf hast du die gleiche Chance auf eine Sechs, ganz egal wie lange du zuvor keine gewürfelt hast.

Wann kommt endlich eine Sechs?

Wie auch immer dein Würfel aussieht und aus welchem Material er besteht, er hat auf alle Fälle kein Gehirn und damit kein Gedächtnis. Und auch keinen Chip und keine Festplatte. Du erinnerst dich zwar an die vielen Fehlwürfe, der Würfel aber nicht.

Probiere es aus. Würfele viele Male hintereinander und schreibe dir die Ergebnisse auf. Oft wird gesagt, dass sich die Anzahlen der Einser, Zweier und so weiter im Lauf der Zeit angleichen würden. Genau genommen ist das aber nicht so. Wenn eine Augenzahl erst einmal etwas häufiger als die anderen fiel, bleibt sie in der Regel noch länger führend. Der Würfel fällt unabhängig davon, was bei den Würfen vorher geschehen ist.

Und auch auf lange Sicht gleichen sich nicht die Anzahlen an, sondern die sogenannten relativen Häufigkeiten: Das sind die Anzahlen der Einser, Zweier und so weiter geteilt durch die Gesamtzahl der Würfe. Bei einem fairen Würfel sollten sich die relativen Häufigkeiten auf ein Sechstel einpendeln. Denn ein fairer Würfel bevorzugt keine Augenzahl, sondern fällt mit gleicher Wahrscheinlichkeit auf jede Seite.

Wenn du 120-mal gewürfelt hast, könntest du zum Beispiel 22 Einser und 18 Zweier erzielt haben. Dann ist der Unterschied immer noch vier. Betrachtest du aber die relativen Häufigkeiten, so ergibt sich für die Eins $\frac{22}{120} = 18{,}\overline{3}$ Prozent und für die Zwei $\frac{18}{120} = 15$ Prozent. Beide Zahlen sind nicht weit von den erwarteten $\frac{1}{6} = 16{,}\overline{6}$ Prozent entfernt.

Gesetz der großen Zahlen

Dass sich die relativen Häufigkeiten den Wahrscheinlichkeiten annähern, wenn du nur oft genug würfelst, nennt man in der Mathematik das Gesetz der großen Zahlen. Es sagt nicht, dass bei sechs Millionen Würfen jeweils genau eine Million Einser, Zweier und so weiter herauskommen. Aber die relativen Häufigkeiten für die jeweiligen Augen gleichen sich an und werden sich nur noch wenig von der

Egal wie viele Sechser du schon gewürfelt hast: Beim nächsten Wurf ist die Wahrscheinlichkeit für eine Sechs wie immer ein Sechstel.

Viele leidenschaftliche Glücksspieler verstehen das Gesetz der großen Zahlen falsch. Sie setzen nach langen Pechsträhnen darauf, dass sich das Blatt wendet und sie endlich gewinnen. Schon so mancher hat dabei sein ganzes Vermögen verspielt.

Wahrscheinlichkeit ein Sechstel unterscheiden. Zurück zum Mensch-ärgere-dich-nicht-Spiel: Ohne eine Sechs zu würfeln, kommt man nicht aus dem Haus. Bei einmaligem Würfeln ist die Wahrscheinlichkeit, keine Sechs zu würfeln, fünf Sechstel, denn du kannst eine Eins, Zwei, Drei, Vier oder Fünf bekommen. Würfelst du zweimal, nimmst du die Wahrscheinlichkeiten miteinander mal: $\frac{5}{6} \cdot \frac{5}{6} = \frac{25}{36} = 69{,}\overline{4}$ Prozent.

Und so geht es weiter. Für jeden Wurf nimmst du die Wahrscheinlichkeit mal fünf Sechstel. Nach sechs Würfen kommst du auf diese Weise auf $\frac{5}{6} \cdot \frac{5}{6} \cdot \frac{5}{6} \cdot \frac{5}{6} \cdot \frac{5}{6} \cdot \frac{5}{6} = 33{,}48\ldots$ Prozent.

Obwohl du sechsmal gewürfelt hast und der Würfel nur sechs Seiten hat, kommst du in etwas mehr als jedem dritten Fall nicht aus dem Haus. Und selbst wenn du zehnmal würfelst, ist mit einer Wahrscheinlichkeit von gut 16 Prozent keine Sechs dabei. Selbst eine Serie von 50 Würfen ohne Sechs ist möglich, allerdings mit 0,01 Prozent sehr unwahrscheinlich.

Nicht nur beim Glücksspiel

Bei Versicherungen erlaubt das Gesetz der großen Zahlen, künftige Schäden abschätzen zu können. Je größer die Anzahl der versicherten Personen oder Sachwerte, desto geringer ist der Einfluss des Zufalls. Wer vom Schaden betroffen sein wird, lässt sich indes nicht ermitteln.
In den Naturwissenschaften sorgt das Gesetz der großen Zahlen dafür, dass Messfehler keine große Rolle spielen, wenn ein Experiment häufig genug wiederholt wird. Ebenso bei Tests von Medikamenten: Wird ein neues Mittel an vielen Versuchspersonen auf seine Wirksamkeit geprüft, kann der Zufall die Ergebnisse nicht zu sehr verfälschen.

Schon gewusst?

Wenn du mit einem Würfel viermal hintereinander würfelst, wie groß ist dann die Wahrscheinlichkeit, vier verschiedene Ergebnisse zu haben? Was meinst du?
Es sind gerade mal knapp 28 Prozent. Um vier verschiedene Augenzahlen zu würfeln, kannst du beim ersten Versuch irgendetwas würfeln, beim zweiten alles außer der Augenzahl vom ersten Wurf. Die Wahrscheinlichkeit dafür ist $\frac{5}{6}$. Beim dritten alles außer den Ergebnissen vom ersten und zweiten Wurf – du hast also vier von sechs Möglichkeiten, das heißt $\frac{4}{6}$. Beim vierten Wurf hast du noch drei von sechs: $\frac{3}{6}$. Insgesamt ergibt sich die Wahrscheinlichkeit für vier unterschiedliche Zahlen zu $\frac{5}{6} \cdot \frac{4}{6} \cdot \frac{3}{6} = 0{,}2\overline{7}$. Und das sind knapp 28 Prozent.

Kurz und knapp

- Egal wie lange du schon auf eine Sechs beim Würfeln wartest: Die Wahrscheinlichkeit, eine zu erzielen, bleibt ein Sechstel.
- Ähnliches gilt für andere Glücksspiele wie Münzwurf, Kartenspiele, Roulette und Lotterie.
- Langfristig nähern sich die relativen Häufigkeiten den Wahrscheinlichkeiten an. Das besagt das Gesetz der großen Zahlen.

Das große Los

Immer wieder gewinnen Menschen im Lotto Millionenbeträge. Wie groß sind die Chancen bei diesem Glücksspiel? Und kann es sinnvoll sein, ein Los zu kaufen?

Die Keksdose

Um diese Fragen zu klären, fangen wir mit einer Dose mit Keksen an. Stell dir vor, es liegen drei Kekse darin: einer mit Schokolade, einer mit Mandel und einer mit Kokos. Du nimmst, ohne hinzusehen, nacheinander jeweils einen Keks und isst ihn. In wie viel möglichen Reihenfolgen wandern die Kekse dann in deinen Mund? Beim ersten Mal Ziehen hast du drei Möglichkeiten: Kokos, Mandel oder Schoko. Beim zweiten Zug bleiben nur zwei, einen Keks hast du ja schon gegessen. Und wenn du das dritte Mal in die Dose greifst, ist nur noch ein Keks übrig. Insgesamt ergeben sich so $3 \cdot 2 \cdot 1 = 6$ Möglichkeiten für die Reihenfolge. Stehen K, M und S für Kokos, Mandel und Schoko, sehen sie so aus: KMS, KSM, MKS, MSK, SKM, SMK.
Jetzt liegen in unserer Dose nicht mehr nur drei Kekse, sondern so viele, wie es Zahlen beim Lotto 6aus49 gibt: Jeder Keks ist mit einer der Zahlen von 1 bis 49 beschriftet. Du darfst sechsmal in die Dose langen, denn beim Lotto werden sechs Kugeln gezogen. Wie viele Möglichkeiten gibt es dann? Beim ersten Mal Ziehen sind es 49, bei allen anderen jeweils eine weniger als im Zug davor. Das ergibt insgesamt $49 \cdot 48 \cdot 47 \cdot 46 \cdot 45 \cdot 44$. Das sind ungefähr zehn Milliarden.
Beim Lottospielen kommt es nicht darauf an, an welcher Stelle eine Zahl gezogen wird. Deswegen müssen wir die zehn Milliarden durch die Anzahl der möglichen Reihenfolgen von sechs Zahlen teilen. Die bestimmen wir nach dem gleichen Muster. Wir stellen uns eine Dose mit sechs Keksen vor und berechnen, in wie vielen Reihenfolgen wir sie ziehen können: $6 \cdot 5 \cdot 4 \cdot 3 \cdot 2 \cdot 1 = 720$. Somit gibt es zehn Milliarden geteilt durch 720 verschiedene Möglichkeiten, sechs Zahlen aus 49 auszuwählen. Das sind knapp 14 Millionen. Da alle Zahlenkombinationen gleich wahrscheinlich sind, liegt die Chance, mit einem Tipp sechs Richtige zu erzielen, bei 1 zu 14 Millionen oder $\frac{1}{14\,000\,000} = 0{,}000007$ Prozent.

Das ist nicht gerade berauschend viel. Sogar die Wahrscheinlichkeit, von einem Blitz erschlagen zu werden, ist größer. Nehmen wir die sogenannte Superzahl, das ist die letzte Ziffer der Losnummer, hinzu, sinkt die Gewinnchance gar auf 1 zu 140 Millionen. Die Wahrscheinlichkeit, gar nichts zu gewinnen, ist hingegen größer als 96 Prozent.

Rund sieben Millionen Menschen in Deutschland spielen regelmäßig Lotto, aber nur 187 konnten sich im Jahr 2022 über einen Millionengewinn freuen.

Mit diesem Apparat werden die Lottozahlen jeden Samstag ausgelost. Bis 2013 lief die Ziehung im Fernsehen, seitdem kannst du sie als Live-Stream im Internet verfolgen.

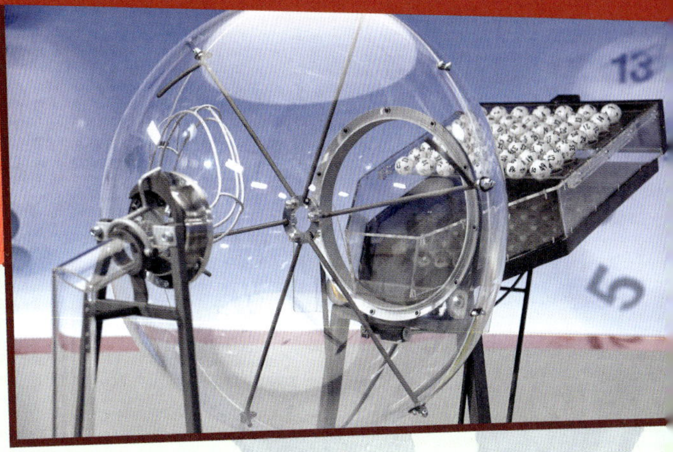

Gewinnchancen verbessern

Dennoch kann es vernünftig sein, Lotto zu spielen. Ein Lottotipp kostet nur wenige Euro, die für viele Menschen kaum eine Rolle spielen. Ein Millionengewinn ist zwar sehr unwahrscheinlich, kann aber das ganze Leben umkrempeln. Allerdings sollte man ein paar Regeln beachten, um nicht enttäuscht zu werden. Zum einen erhöht sich der Gewinn, wenn mehrere Wochen hintereinander niemand alle Zahlen richtig hatte. Dann füllt sich der sogenannte Jackpot. Das Gewinnen wird dadurch aber nicht wahrscheinlicher. Zum anderen sollte man beim Tippen manches vermeiden. Kreuzt man etwa ein Muster, zum Beispiel eine Zeile, eine Spalte oder eine Diagonale, im Kästchenfeld an, so fällt der Gewinn selbst bei sechs Richtigen nur mäßig aus. Denn die Gewinnsumme wird durch die Anzahl der richtigen Tipps geteilt und viele Menschen setzen ihre Kreuze in der Form von Mustern.

1988 etwa hatten 222 Lottospieler die Zahlen 24, 25, 26, 30, 31, 32 richtig angekreuzt. Sie mussten sich mit jeweils 84 000 Mark (etwa 42 000 Euro) begnügen.

Zudem sollte man die 19 und die 20 eher vermeiden. Denn viele Menschen tippen auf die Zahlen in Geburtsdaten und in den Jahreszahlen tauchen die beiden ständig auf. Ebenso ist von den Zahlen 1 bis 12 eher abzuraten. Sie stehen für die Monate.

Am häufigsten wurde bisher übrigens die 6 gezogen, am seltensten kam die 13. Das bedeutet aber gar nichts für die Zukunft. Da Lottokugeln genauso wie Würfel kein Gedächtnis haben, hilft einem diese Information keinen Schritt weiter.

Kekse ziehen

Hast du eine Keksdose mit acht nummerierten Keksen darin und ziehst du drei davon, gibt es $8 \cdot 7 \cdot 6 = 336$ verschiedene Möglichkeiten. Stehen die Kekse für acht Läuferinnen bei einem Rennen, hast du bestimmt, auf wie viele verschiedene Arten die ersten drei Plätze auf dem Siegertreppchen verteilt sein können. Weißt du sonst nichts über die Athletinnen, ist jeder Zieleinlauf mit $\frac{1}{336}$ gleich wahrscheinlich.

Nun sind zehn Kekse in der Dose und du legst die Kekse immer wieder zurück. Dann hast du bei jedem Zug zehn Möglichkeiten, insgesamt also $10 \cdot 10 \cdot 10 \cdot 10 = 10\,000$. Das entspricht allen Zahlenkombinationen für eine vierstellige Geheimzahl, sei es an deinem Handy oder an deinem Fahrradschloss. Will ein Dieb alle durchprobieren und braucht dazu pro Versuch jeweils eine Sekunde, ist er 10 000 Sekunden beschäftigt. Das sind fast drei Stunden. Allerdings wird der Dieb wohl mit dem Probieren aufhören, wenn er die richtige Kombination zufällig schon früher gefunden hat.

Die Kugel rollt

In großen Spielcasinos stehen meist mehrere Roulette-Tische. Bei diesem Spiel läuft eine Kugel in einem sich drehenden Rad mit 37 Fächern, dem sogenannten Kessel. Die Fächer sind mit den Zahlen von 0 bis 36 versehen. Am Ende landet die Kugel in einem der Fächer und bestimmt so, welche Zahl gewinnt. Die Spielerinnen und Spieler setzen ihren Einsatz entweder auf eine einzelne Zahl oder sie wetten auf mehrere Zahlen gleichzeitig, wie zum Beispiel darauf, dass das Ergebnis eine gerade oder eine ungerade Zahl ist.

Was kannst du erwarten?

Bei der einfachsten Art des Roulettes bekommst du den doppelten Einsatz zurück, wenn du auf Gerade gesetzt hast und die Kugel tatsächlich zum Beispiel auf die 8 fällt. Hast du 1 Euro gesetzt, erhältst du diesen zurück und 1 Euro als Gewinn dazu. Klingt fair. Ist es aber nicht. Denn es gibt ja noch die 0. Und die gilt im Roulette weder als gerade noch als ungerade.
Um auszurechnen, wie deine Chancen in einem Spiel stehen, kannst du den sogenannten Erwartungswert bestimmen. Er gibt an, welchen Gewinn oder Verlust du erwarten kannst, wenn du ein Spiel viele Male hintereinander wiederholst. Setzt du beim Roulette einen Euro auf Gerade, gewinnst du in 18 von 37 Fällen 1 Euro. In 19 von 37 Fällen verlierst du einen Euro.
Da alle Zahlen gleich wahrscheinlich sind, liegt deine Chance zu gewinnen bei
$\frac{18}{37} = 48{,}\overline{648}$ Prozent.
Und zu $\frac{19}{37} = 51{,}\overline{351}$ Prozent hast du das Nachsehen und verlierst deinen Einsatz.
Nimmst du deine Gewinne beziehungsweise Verluste mit den Wahrscheinlichkeiten mal, zu denen sie eintreten, und zählst die Ergebnisse zusammen, erhältst du den Erwartungswert:
$1 \cdot \frac{18}{37} + (-1) \cdot \frac{19}{37} = -0{,}\overline{027}$. Weil das Ergebnis negativ ist, verlierst du auf lange Sicht.
Setzt du nur auf die 8 und kommt diese dann tatsächlich, kassierst du 35 Euro. Auch dabei und bei jedem anderen Tipp auf eine Zahl von 0 bis 36 ist dein Erwartungswert unter Null: $35 \cdot \frac{1}{37} + (-1) \cdot \frac{36}{37} = -0{,}\overline{027}$. Bei allen weiteren Möglichkeiten, beim Roulette zu setzen, ergibt sich ebenfalls derselbe negative Erwartungswert.

Den Zufall austricksen

Auf lange Sicht verlierst du demnach durchschnittlich in jedem Spiel pro Euro rund 2,7 Cent. Das sind zwar nur 2,7 Prozent des Einsatzes pro Spiel. Aber die Kugel rollt viele Male an einem Abend. Dadurch kommt einiges an Verlust für die Spielenden und an Gewinn für das Casino zusammen.
Wenn du es nicht glaubst, probiere es aus. Du kannst Roulette zu Hause als Brettspiel oder online spielen – natürlich ohne Geld.
Schon viele Menschen haben versucht, mit Spielsystemen ein Vermögen zu machen – und dabei ihr ganzes Geld verspielt. Denn die Mathematik lässt sich nicht austricksen. Egal wie man setzt: Die Gewinnchancen sind immer gleich. Die Roulettekugel hat kein Gedächtnis. Selbst wenn dreimal nacheinander die 8 gefallen ist, beträgt die Wahrscheinlichkeit für eine 8 im nächsten Spiel wieder genau $\frac{1}{37}$.

Vor gut 50 Jahren gewann Richard Jarecki dennoch mehr als eine Million Dollar beim Roulette – nach heutigem Wert wären es sogar rund acht Millionen. Allerdings hatte das keine mathematischen, sondern physikalische Gründe. Der deutsche Arzt überlegte sich, dass sich Roulette-Kessel mit der Zeit abnutzen.

Auf welcher Zahl die Kugel liegen bleibt, entscheidet beim Roulette über Gewinn und Verlust.

Dadurch ist dann nicht mehr jede Zahl gleich wahrscheinlich. Jarecki beobachtete mehrere tausend Spiele und verzeichnete, welche Zahlen häufiger auftraten. Und auf die setzte er dann.

Dem glücklichen Arzt nachzueifern, ist aber keine gute Idee. Längst haben die Casinobetreiber die Gefahr erkannt. Sie überwachen ihre Kessel genau und tauschen sie bei der kleinsten Unregelmäßigkeit aus.

Die Streuung

Ob du beim Roulette zum Beispiel auf alle geraden Zahlen setzt oder auf eine einzige Zahl, der Erwartungswert bleibt gleich. Immer verlierst du auf lange Sicht pro Spiel rund 2,7 Prozent deines Einsatzes. Dennoch unterscheiden sich die beiden Spielzüge erheblich. Im ersten Fall hast du zu mehr als 48 Prozent Erfolg, aber du kannst deinen Einsatz nur verdoppeln. Im zweiten Fall wirst du mit der hohen Wahrscheinlichkeit von mehr als 97 Prozent verlieren. Aber wenn du gewinnst, bekommst du das 35-Fache deines Einsatzes.

Mathematisch unterscheiden sich die beiden Tipps durch die sogenannte Streuung. Sie misst, wie stark die möglichen Ergebnisse um den Erwartungswert streuen. Die Formel dafür ist ziemlich kompliziert. Die Streuung für das Setzen auf die geraden Zahlen ist rund 1,0, die für eine einzige Zahl liegt bei etwa 5,8.

Gewonnen und verloren

Auf lange Sicht gewinnt beim Roulette nur das Casino. Das heißt aber nicht, dass nicht manche Menschen Glück haben können.

So gewann etwa Mike Ashley innerhalb von 15 Minuten mehr als eine Million Euro am Roulette-Tisch. Sein Leben dürfte das indes wenig geändert haben. Der Brite war schon vor diesem Gewinn Milliardär.

Der Australier Kerry Packer hatte weniger Glück. Er verlor in einem Casino in London binnen weniger Stunden über zehn Millionen Euro. Auch bei ihm änderte sich dadurch nicht viel, denn er war wie Ashley ebenfalls Milliardär.

Kurz und knapp

- Bei Glücksspielen kannst du den sogenannten Erwartungswert berechnen. Er sagt dir, wie deine Chancen auf lange Sicht stehen. Bei positivem Erwartungswert wirst du wahrscheinlich gewinnen. Ist er negativ, wirst du verlieren.

Das antike Vorbild für Roulette war das Rad der Glücksgöttin Fortuna. Dem Glauben nach drehte Fortuna das Rad zufällig und bestimmte damit das Schicksal der Menschen. Die einen stürzte sie damit in großes Unglück, anderen bescherte sie Gesundheit und Reichtum.

Wie lange noch?

Wann schreibst du das nächste Mal eine Eins in einer Schularbeit? Wann schießt dein Lieblingsspieler oder deine Lieblingsspielerin in der Bundesliga das nächste Tor? Und wann wird Deutschland wieder Weltmeister im Fußball? Alles drei kannst du abschätzen, ohne dir Gedanken über deinen Fleiß in der Schule, die Form von Fußballspielern oder das Losglück der Nationalmannschaft zu machen. Du musst dazu nur ein bisschen rechnen.

Über eine Eins in der Schule freut man sich doch immer! Mit der Dreier-Regel kannst du herausfinden, wann du wieder damit rechnen kannst.

Wann schreibst du die Eins?

Nehmen wir an, du hast vor drei Wochen deine letzte Eins geschrieben. Wenn wir sonst nichts darüber wissen, können wir davon ausgehen, dass du dich zu 50 Prozent in der zweiten Hälfte deiner einserlosen Zeit befindest. Ist tatsächlich die erste Hälfte bereits abgelaufen, schreibst du folglich innerhalb der nächsten drei Wochen eine Eins. Da das zu 50 Prozent der Fall ist, wirst du also zu 50 Prozent in den kommenden drei Wochen eine Eins erzielen.

Wenn dir 50 Prozent zu unsicher sind, nimm einen anderen Prozentsatz. So bist du etwa zu 75 Prozent gerade in den letzten 75 Prozent deiner einserlosen Zeit. Das heißt, 25 Prozent sind mindestens schon um, höchstens 75 Prozent – das ist die dreifache Zeit – liegen noch vor dir. Die einserlose Zeit wird daher zu 75 Prozent nach drei mal drei Wochen um sein. Demnach wirst du zu 75 Prozent in den nächsten neun Wochen eine Eins schreiben. Um zu 75 Prozent sicher zu sein, musst du für die Vorhersage die bereits abgelaufene Zeitspanne mal drei nehmen. Das ist die

Wann sind wir wieder Weltmeister?

Die deutsche Fußballnationalmannschaft der Männer war 2023 vor neun Jahren zuletzt Weltmeister. Mit der Dreier-Regel berechnen wir, dass Deutschland zu 75 Prozent in den nächsten drei mal neun gleich 27 Jahren Weltmeister wird. Bis zum Jahr 2050 ist der nächste Titel demnach zu 75 Prozent sicher. Wenn das kein Grund zum Jubeln ist! Die deutsche Nationalmannschaft der Frauen war zuletzt 2007, also 16 Jahre vor 2023, Weltmeister. Zu 75 Prozent steht der nächste Gewinn des Turniers bis spätestens $2023 + 3 \cdot 16 = 2071$ an.

Dreier-Regel. Erstaunlich, wie mit so wenig Wissen über die Ausgangslage ein so genaues Ergebnis möglich ist, oder?
Sind dir auch 75 Prozent zu unsicher, kannst du jeden anderen Wert wählen. Zu 90 Prozent hast du die ersten zehn Prozent – oder ein Zehntel – deiner einserlosen Zeit hinter dir. In den folgenden neun Zehnteln, also neun mal drei gleich 27 Wochen, wirst du zu 90 Prozent eine Eins schreiben.

Die Regel von Gott

Das Verblüffende an der Überlegung ist, dass wir nichts über den Sachzusammenhang vorausgesetzt haben. Die gleiche Methode kannst du in sehr vielen Situationen einsetzen.
Als Erster verwendet hat die Dreier-Regel übrigens Gott. Und nein, das hat nichts mit Religion zu tun. Der US-amerikanische Physiker Richard Gott nahm 1969 an einer wissenschaftlichen Konferenz in Berlin teil. An einem freien Tag besuchte der damals 22-Jährige die Berliner Mauer und fragte sich, wie lange das Bauwerk wohl noch stehen würde. Unabhängig von allen politischen Erwägungen ging er genauso vor wie wir gerade. Die 1961 erbaute Mauer gab es damals seit acht Jahren. Zu 75 Prozent befand sie sich in den letzten 75 Prozent ihrer Existenz. Demnach sollte sie zu 75 Prozent innerhalb der kommenden drei mal acht gleich 24 Jahre verschwinden. Von 1969 aus gerechnet ist das bis zum Jahr 1993. In der Tat fiel die Berliner Mauer 1989 und damit innerhalb des berechneten Zeitraums.
Später hat Gott seine Methode unter anderem auf weltweit 313 Staatsoberhäupter angewendet. Dabei schätzte er deren noch folgende Regierungszeit zu 95 Prozent ab. Mittlerweile ist keine der untersuchten Personen mehr im Amt. 296 von ihnen beendeten ihre Amtszeit innerhalb der Frist, die Gott für sie berechnet hatte. Das sind 94,6 Prozent. Genauer hätte das Ergebnis kaum sein können.

Wie lange gibt es uns noch?

Der moderne Mensch – in der Wissenschaft als Homo sapiens bezeichnet – erschien vor ungefähr 200 000 Jahren auf der Welt. Nach der Dreier-Regel wird Homo sapiens zu 75 Prozent in den nächsten 600 000 Jahren aussterben. Richard Gott war diese Aussage zu unsicher. Er berechnete, dass die Menschheit zu 95 Prozent noch mindestens 5 000 und höchstens 7,8 Millionen Jahre die Erde bevölkern wird. Dabei stützte er sich rein auf Mathematik und berücksichtigte weder Umweltzerstörung noch Klimaerwärmung.

Die Dreier-Regel

Gibt es etwas seit x Sekunden, Stunden, Tagen oder Jahren, wird es zu 75 Prozent – das sind **drei** Viertel – in **3** · x Sekunden, Stunden, Tagen oder Jahren nicht mehr existieren.

Wahrscheinlich keine Verschwörung

Die Mondlandung hat nie stattgefunden. Den von Abgasen erzeugten Klimawandel gibt es gar nicht. Und Impfungen bringen Millionen Menschen um. Bestimmt hast du schon mal solche oder ähnliche Aussagen gehört. Man nennt sie Verschwörungstheorien. Die Mathematik des Zufalls kann sie allerdings alle widerlegen.

Alle abgehört

Zumindest behauptet das David Grimes. Der irische Wissenschaftler und Autor hat einige dieser Theorien mathematisch untersucht. Die Idee dahinter: Wenn zum Beispiel die Mondlandung nur vorgespielt gewesen wäre, hätten viele Menschen davon gewusst. Denn um die Öffentlichkeit zu täuschen, braucht es etwa ein Filmteam, das die angebliche Landung im Studio nachspielt.

Grimes hat mit einer Formel abgeschätzt, wie lange es dauert, bis einer der Eingeweihten sein Wissen der Öffentlichkeit verrät. »Die Grundannahme ist: Es gibt pro Jahr und beteiligte Person eine geringe Wahrscheinlichkeit, dass jemand das Geheimnis absichtlich oder versehentlich verrät«, erklärt er die Idee. Je mehr Menschen von der Verschwörung wüssten, umso schneller komme daher die Wahrheit ans Licht.

Um seine Formel aufzustellen, hat Grimes drei tatsächlich aufgedeckte Verschwörungen betrachtet:

- 2013 deckte Edward Snowden auf, dass der US-Geheimdienst tatsächlich nahezu jedes wichtige Gespräch weltweit mitschneidet. Sogar das Handy der damaligen deutschen Bundeskanzlerin wurde abgehört. Das Programm war zuvor sechs Jahre geheim geblieben.
- Ebenfalls nach sechs Jahren Geheimhaltung flog 1998 auf, dass die US-Bundespolizei Unschuldige in Zellen gesperrt hatte, in denen sonst nur zum Tode Verurteilte saßen. So hoffte sie, Verbrechen aufklären zu können.
- Rund 25 Jahre wusste die Öffentlichkeit nichts davon, dass die US-Gesundheitsbehörden in den 1940er-Jahren erkrankte Afroamerikaner nicht mit bestimmten Medikamenten behandelten. Zwar war bekannt, dass die Mittel helfen würden. Doch wollten die Behörden erforschen, wie die Krankheit ohne Medikamente verläuft.

$$L(t, N(t)) = 1 - e^{-t\left(1-\psi^{N(t)}\right)}$$

Einer Verschwörungstheorie zufolge fand die Mondlandung nur in einem Filmstudio statt. Mit der Mathematik des Zufalls lässt sich diese Behauptung widerlegen.

Verschwörungstheorien gab es schon immer. Aber durch das Internet und die sozialen Medien erreichen sie heute viel schneller viel mehr Menschen als früher.

Zu viele Mitwissende

Mit diesen und anderen aufgedeckten Verschwörungen hat Grimes seine Formel angepasst und anschließend angewendet. Eine vorgetäuschte Mondlandung hätte sich demnach weniger als vier Jahre geheim halten lassen. Genauso wäre es einem nur erfundenen menschengemachten Klimawandel ergangen. Und dass Impfungen äußerst gefährlich für die Gesundheit sind, hätten die Behörden nur drei Jahre vor der Öffentlichkeit verbergen können. Andersherum berechnete Grimes, wie viele Menschen von einer Verschwörung wissen dürfen, damit sie über Jahre geheim bleibt. Damit zum Beispiel zehn Jahre niemand davon erfährt, darf es gerade mal 125 Eingeweihte geben. Die meisten der gängigen Verschwörungstheorien erfordern aber weit mehr als 125 Mitwissende.

Letztlich hat Grimes' Formel nur in Zahlenwerten ausgedrückt, was man sich schon vorher denken konnte: Je mehr Leute von einer Sache wissen, umso schwerer ist es, sie geheim zu halten. Ob das eingefleischte Verschwörungstheoretiker überzeugt, ist allerdings zweifelhaft. Sie werden vielleicht denken: Wer weiß? Vielleicht steckt die Mathematik ja selbst ganz tief in der Verschwörung drin.

Große Fantasie

In den sozialen Medien verbreiten sich Verschwörungstheorien in Windeseile, egal wie abwegig sie klingen. Ein paar Beispiele:

- In Wirklichkeit ist die Erde eine flache Scheibe.
- Sogenannte Reptiloiden, intelligente Wesen mit dem Aussehen von Reptilien, beherrschen die Menschheit.
- Über die Kondensstreifen, die Flugzeuge am Himmel hinterlassen, kontrollieren wenige Menschen die Gedanken aller.
- Der US-amerikanische Milliardär Bill Gates pflanzt Menschen heimlich Mikrochips ein und will mit dem neuen 5G-Mobilfunknetz die vollständige Kontrolle über die Menschheit erlangen.
- Das Corona-Virus wurde im Labor hergestellt, um die Weltbevölkerung von acht auf eine Milliarde schrumpfen zu lassen.

Angesichts der überschäumenden Fantasie der Verschwörungstheoretiker ist es leider eher unwahrscheinlich, dass sie wegen einer mathematischen Formel ihre Ansichten verwerfen.

Wie viele sind es?

Stell dir vor, du kommst zufällig an die Strecke eines Marathons. Vier Läuferinnen rennen an dir vorbei. Sie tragen die Startnummern 41, 77, 107 und 149. Wie viele Sportlerinnen nehmen an dem Rennen teil? Du meinst, das könne man nicht sagen? Doch, das kann man durchaus: mit einer begründeten Schätzung.

Gut geschätzt ...

Wir gehen davon aus, dass die Startnummern fortlaufend und beginnend bei der 1 vergeben wurden: 1, 2, 3, 4 ... und dass alle Teilnehmerinnen gleichzeitig gestartet sind. Offensichtlich gibt es dann mindestens 149 Teilnehmerinnen. Doch wahrscheinlich sind es mehr. Es wäre schon ein großer Zufall, wenn unter nur vier Teilnehmerinnen ausgerechnet diejenige mit der höchsten Startnummer dabei wäre. Vermutlich gibt es eine Lücke zwischen der höchsten Startnummer im ganzen Rennen und der höchsten, die du gesehen hast. Wie lässt sich die Größe dieser Lücke schätzen?
Die kleinste gesehene Startnummer ist die 41. Die Lücke zur ersten Startnummer ist somit 40. Wir können schätzen, dass von der höchsten gesehenen Nummer bis zur höchsten Nummer überhaupt ebenfalls 40 fehlen. Dann wären es 149 + 40 = 189 Teilnehmerinnen. Aber es geht besser: Statt den Abstand der kleinsten gesehenen Nummer zur 1 nehmen wir den mittleren Abstand der gesehenen Startnummern voneinander. Die Abstände sind:
40 (also 41 – 1 = 40), 77 – 41 = 36, 107 – 77 = 30 und 149 – 107 = 42. Um ihren Mittelwert zu berechnen, zählst du sie zusammen und teilst das Ergebnis durch ihre Anzahl:
(40 + 36 + 30 + 42) : 4 = 148 : 4 = 37. Die bestmögliche Schätzung für die Anzahl der Teilnehmerinnen ist: 149 + 37 = 186.
Die Rechnung oben kannst du dir einfacher machen. Wenn du die höchste Startnummer durch die Anzahl der gesehenen Teilnehmerinnen teilst und das Ergebnis mal diese Anzahl plus 1 nimmst, kommt fast dasselbe heraus: 149 : 4 · 5 = 186,25. Diese vereinfachte Rechnung funktioniert, weil beim Zusammenzählen der Abstände zwischen den beobachteten Startnummern immer die höchste gesehene Startnummer minus 1 herauskommt. Der Vorteil an der vereinfachten Rechnung ist, dass du deinen Schätzwert jederzeit sofort anpassen kannst. Entdeckst du etwa zwei weitere Läuferinnen mit den Nummern 54 und 168, rechnest du 168 : 6 · 7 = 196.

Eine Stärke der Mathematik ist ihre Abstraktheit: Egal ob es um Läuferinnen oder Panzer geht, die Rechnungen sind die gleichen.

... ist halb gewonnen!

Vielleicht ist es nicht so wichtig zu wissen, wie viele Läuferinnen an einem Rennen teilnehmen. Doch hat diese Schätzmethode schon bedeutende Anwendungen gefunden. So haben im Zweiten Weltkrieg die Alliierten mit ihr geschätzt, wie viele Panzer die Deutschen herstellen. Das war für sie wichtig, um die eigenen Kampfeinsätze besser planen zu können. Die deutsche Industrie hatte nämlich auf alles Kriegsgerät fortlaufende Seriennummern gedruckt. Eroberten die Alliierten ein paar deutsche Panzer, werteten sie deren Nummern genauso aus wie wir oben die Startnummern der Läuferinnen.

Natürlich verließen sich die Militärs nicht ausschließlich auf die Rechnungen. Sie schickten zudem Spione ins Feindesland, um herauszufinden, wie viele gegnerische Panzer zu erwarten seien. Einmal meldeten die Agenten 1 550 neu produzierte Panzer. Aus den auf dem Schlachtfeld erbeuteten ergab sich aber eine Schätzung von nur 327 Stück. Nach dem Krieg wurde die wahre Zahl aus den Unterlagen der deutschen Armee ermittelt. Es waren 342 Panzer. Ein klarer Sieg der Mathematik über die Geheimdienste!

Um die Anzahl der Sonnenblumen in diesem Bild zu bestimmen, genügt es zu schätzen, wie viele sich durchschnittlich in einem der kleinen Vierecke befinden. Diesen Wert multiplizierst du dann mit der Anzahl der Vierecke.

Zahnärzte und Klavierstimmerinnen

Wie viele Zahnärztinnen und Zahnärzte gibt es in Deutschland? Sind es Hunderte oder eher Hunderttausende?

Für eine Schätzung der Zahl gehen wir davon aus, dass jeder Mensch in Deutschland im Durchschnitt 1 Stunde pro Jahr auf dem Behandlungsstuhl verbringt. Bei einer Bevölkerung von rund 80 Millionen sind das ebenso viele Stunden. Zur Vor-, Nachbereitung und Verwaltung schlagen wir pro Behandlungsstunde eine halbe Stunde dazu. Das macht 120 Millionen zahnärztliche Arbeitsstunden.

Zieht man von den 365 Tagen des Jahres Wochenenden, Feier- und Urlaubstage ab, bleiben 210 Tage. Bei einer Arbeitszeit von 8 Stunden pro Tag sind das pro Jahr $210 \cdot 8 = 1\,680$ Stunden. Jetzt teilen wir die jährlich notwendigen Arbeitsstunden durch die, die eine Person leistet: $120\,000\,000 : 1\,680 = 71\,428,\ldots$

Wir schätzen demnach, dass es rund 70 000 Zahnärztinnen und Zahnärzte in Deutschland gibt. Schau im Internet nach, ob das ungefähr stimmt.

Auf ähnliche Weise kannst du schätzen, wie viele Lehrerinnen, Frisöre oder Klavierstimmerinnen es hierzulande gibt.

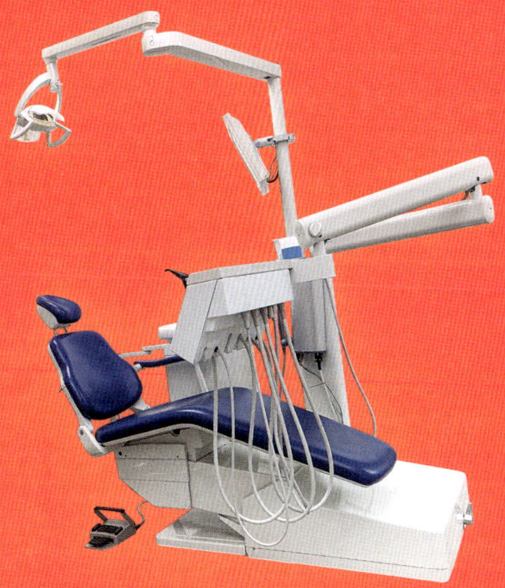

Normal verteilt

Für ein Biologieprojekt notiert Max die Körpergrößen von sechs männlichen Lehrern seiner Schule: 1,65 m, 1,76 m, 1,78 m, 1,81 m, 1,88 m und 1,95 m. Was lässt sich aus den Zahlen ablesen? Mehr, als du vielleicht denkst.

Um die Mitte herum

Als Erstes bilden wir den sogenannten Mittelwert der Messungen. Das heißt, wir zählen alle Größen zusammen und teilen das Ergebnis durch ihre Anzahl:

$$\frac{1{,}65 + 1{,}76 + 1{,}78 + 1{,}81 + 1{,}88 + 1{,}95}{6} = 1{,}80$$

Im Durchschnitt sind die Lehrer also 1,80 m groß. Da die Wahl des Lehrerberufs vermutlich nichts mit der Körpergröße zu tun hat, können wir diesen Wert als Schätzung für die durchschnittliche Größe eines deutschen Mannes nehmen.

Ein wichtiges Maß in der Mathematik des Zufalls ist die sogenannte Streuung. Sie gibt die durchschnittliche Abweichung der einzelnen Werte vom Mittelwert wieder. Die Formel, um sie auszurechnen, ist leider etwas kompliziert. Doch findest du im Internet Seiten, die für dich die Streuung ausrechnen. Sie wird auch Standardabweichung genannt. Bei unseren Messwerten liegt die Streuung bei etwas mehr als 0,10 m, also 10 cm.

Von sechs auf Millionen

Wie viele andere Zufallsgrößen unterliegt die menschliche Körperlänge der sogenannten Normalverteilung. Normalverteilt sind Größen dann, wenn sie sich symmetrisch um ihren Mittelwert häufen. Dabei tritt eine Zahl umso seltener auf, je weiter sie vom Mittelwert abweicht. Es gibt also mehr Männer mit einer Größe von 1,75 m als von 1,60 m. Denn 1,75 m liegt näher bei 1,80 m als 1,60 m. Ist der Abstand zum Mittelwert gleich groß, sind die Werte gleich wahrscheinlich. Im Fall von Körperlängen kommen also zum Beispiel 1,65 m und 1,95 m gleich häufig vor, weil sie jeweils einen Abstand von 15 cm vom Mittelwert haben.

Für solche normalverteilten Größen gilt, dass sie zu rund 68 Prozent nicht weiter als eine Streuung vom Mittelwert entfernt sind. Mehr als zwei Drittel aller Männer sind demnach zwischen 1,70 m (= 1,80 m – 0,10 m) und 1,90 m (= 1,8 m + 0,10 m) groß.

Ziehen wir das Doppelte der Streuung ab beziehungsweise zählen es dazu, liegt die Körpergröße von 95 Prozent aller Männer dazwischen: von 1,60 m (= 1,80 m – 2 · 0,10 m) bis 2,00 (= 1,80 m + 2 · 0,10 m). Nehmen wir das Dreifache der Streuung, erreichen wir sogar 99,7 Prozent. Von 1 000 Männern sind demnach nur drei nicht zwischen 1,50 m und 2,10 m groß. Genau genommen gelten diese Angaben nur

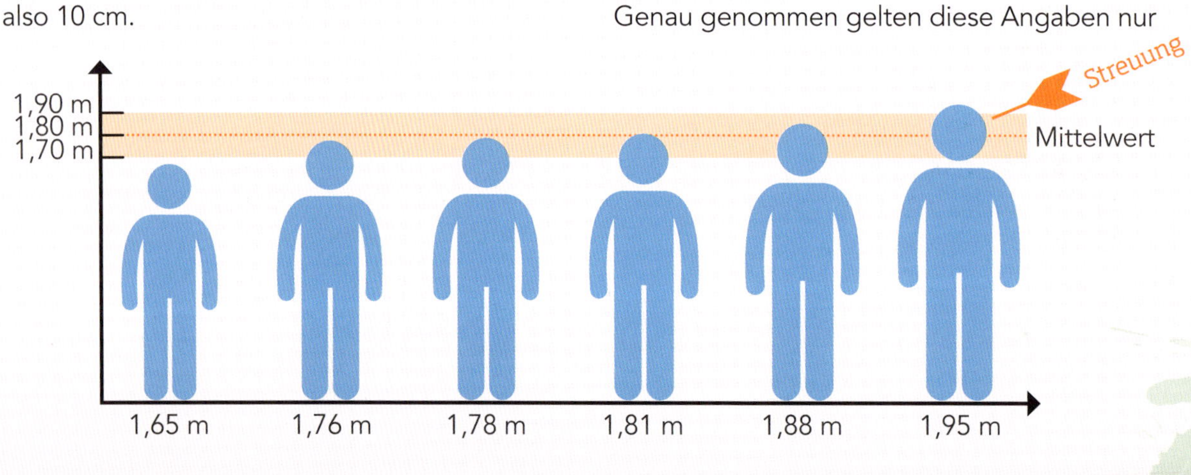

dann, wenn wir die Streuung der Körpergröße aller deutschen Männer einsetzen. Doch die sollte sich nur wenig von der Streuung unserer Messwerte unterscheiden. Schließlich dürfte wie gesagt die Berufswahl bei Lehrern – anders als etwa bei Basketballspielern – kaum von der Körpergröße beeinflusst sein.

Die Vermessung der Welt

Wir haben mit sechs Messwerten angefangen und aus diesen den Mittelwert und die Streuung berechnet. Allein diese beiden Zahlen erlauben Aussagen über Millionen Männer. Hättest du das für möglich gehalten?
Und was wir hier am Beispiel der Körpergröße vorgeführt haben, kannst du genauso für viele andere Größen durchrechnen, zum Beispiel das Körpergewicht, den Intelligenzquotienten, den Blutdruck von Menschen oder die Anzahl der Sonnenstunden im Jahr, die Schwankungen am Aktienmarkt und die Verteilung der Noten in deiner Klasse.

Intelligenzquotient

Bestimmt hast du schon mal Fragen aus einem Intelligenztest gesehen. Meist muss man dabei logische Schlüsse ziehen. Auch die Ergebnisse von Intelligenztests sind normalverteilt: mit einem Mittelwert von 100 und einer Streuung von 15. Das bedeutet, dass etwa 68 Prozent der Bevölkerung einen Intelligenzquotienten, kurz IQ, zwischen 85 und 115 haben. 32 Prozent liegen demnach außerhalb dieser Grenzen. Davon haben 16 Prozent einen IQ von weniger als 85 und 16 Prozent einen von mehr als 115. Einen IQ zwischen 70 und 130 haben 95 Prozent der Menschen. 2,5 Prozent liegen über 130 und gelten damit als hochbegabt. Da 100 : 2,5 = 40, heißt das, dass jede 40. Person hochbegabt ist.
Der Physiker Albert Einstein soll einen IQ von 160 gehabt haben. Als intelligenteste lebende Frau gilt die US-amerikanische Schriftstellerin Marilyn vos Savant mit einem IQ von 186.

Für Schlauberger

Um die Streuung der Körperlängen deiner Lehrer zu bestimmen, berechnest du zuerst deren Abweichungen vom Mittelwert:

1,80 m – 1,65 m = 0,15 m
1,80 m – 1,76 m = 0,04 m
1,80 m – 1,78 m = 0,02 m
1,81 m – 1,80 m = 0,01 m
1,88 m – 1,80 m = 0,08 m
1,95 m – 1,80 m = 0,15 m

Dann quadrierst du die Ergebnisse (nimmst sie mit sich selbst mal), zählst alle zusammen, teilst das Ergebnis durch 5 (eins weniger als die Anzahl deiner Messwerte) und ziehst schließlich die Wurzel:

$$\frac{\sqrt{(0{,}15^2+0{,}04^2+0{,}02^2+0{,}01^2+0{,}08^2+0{,}15^2}}{5}=0{,}10$$

Die Streuung ist also etwas mehr als 0,10 m oder 10 Zentimeter. Diese Streuung hast du anhand von sechs deiner Lehrer berechnet. Wenn man die Streuung für alle 41 Millionen deutschen Männer berechnen würde, fiele der Wert ein klein wenig geringer aus.

Die Intelligenz der Menschen ist normalverteilt und der Durchschnitt ist immer 100. Rund 68 Prozent der Menschen, also etwas mehr als zwei Drittel, haben einen IQ zwischen 85 und 115, rund 95 Prozent einen zwischen 70 und 130.

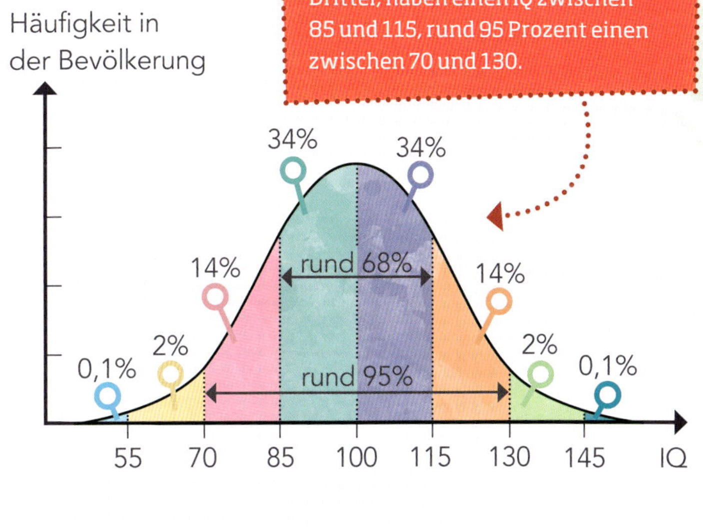

Von fünf auf Millionen

Der Mittelwert gibt in vielen Fällen eine gute Schätzung für die zu erwartenden Ergebnisse ab. Sind die betreffenden Größen aber sehr ungleich verteilt, gibt es also viele Ausreißer, führt er in die Irre. Dann brauchen wir ein anderes Maß für die Mitte.

Die neue Mitte

Ein Beispiel: In der Firma Schmidt & Söhne arbeiten fünf Personen. Die beiden Sekretäre verdienen je 3000 Euro im Monat, die beiden Ingenieurinnen je 5000 Euro und die Inhaberin der Firma – die Ausreißerin – 200000 Euro. Dann ist der Mittelwert der Einkommen (3000 € + 3000 € + 5000 € + 5000 € + 200000 €) : 5 = 43200 €. Vier von fünf verdienen 5000 Euro oder weniger und dennoch liegt der Mittelwert bei über 40000 Euro.

Für solche Fälle gibt es eine andere Beschreibung der Mitte, den sogenannten Median. Reihen wir unsere Daten der Größe nach auf, entspricht er dem mittleren Wert: 3000 €, 3000 €, 5000 €, 5000 €, 200000 €. Im Beispiel stehen 5000 Euro in der Mitte. Der Median unserer fünf Einkommen beträgt daher 5000 Euro. Er gibt die Grenze zwischen der besser und der schlechter verdienenden Hälfte an. Aus dem Median lässt sich erstaunlich viel ablesen. Nehmen wir an, die fünf Beschäftigten von oben wären nicht von einer Firma, sondern wir hätten fünf Personen zufällig ausgewählt und nach ihrem Einkommen befragt. Dann gilt für den Median der deutschen Einkommen, dass er mit einer Wahrscheinlichkeit von knapp 94 Prozent zwischen den Einkommen der Befragten liegt, im Beispiel zwischen 3000 und 200000 Euro. Aus nur fünf Zahlen schließen wir also mit großer Sicherheit auf das Einkommen von Millionen Menschen.

Wieso funktioniert das? Da der Median aller deutschen Einkommen ja genau die Mitte aller Gehälter angibt, wenn man sie auflisten würde, ist die Wahrscheinlichkeit, dass ein Verdienst größer ist als der Median genau 50 Prozent. Dasselbe gilt für die Wahrscheinlichkeit, dass er kleiner ist. Daraus lässt sich die Wahrscheinlichkeit ableiten, dass alle fünf Einkommen größer sind als der Median. Sie berechnet sich so: 50 % · 50 % · 50 % · 50 % · 50 % = 3,125 %. Lediglich zu etwas mehr als 3 Prozent sind die Einkommen der fünf Befragten allesamt größer als der Median. Entsprechend sind auch zu etwas mehr als 3 Prozent alle fünf kleiner als der Median. Das bedeutet zu 100 % – 3,125 % – 3,125 % = 93,75 % liegt der Median irgendwo zwischen den fünf Einkommen der von uns Befragten, also zwischen 3000 und 200000 Euro.

Hat Jan 100 Gummibärchen und seine vier Freunde haben kein einziges, liegt der Mittelwert bei (100 + 0 + 0 + 0 + 0) : 5 = 100 : 5 = 20 Gummibärchen und der Median bei 0.

Wer verdient wie viel?

Da es beim Gehalt gegenüber einem Mittelwert viel größere Abweichungen nach oben geben kann als nach unten, ist hier die Angabe des Medians aussagekräftiger als der Durchschnittswert. Dieser wird von den Ausreißern nach oben gezogen. Der Median der monatlichen Einkommen von Vollzeitbeschäftigten lag 2021 bei 3 516 Euro. Das hat die Bundesanstalt für Arbeit ausgerechnet. Für Frauen war er mit 3 276 Euro immerhin 373 Euro niedriger als für Männer (3 649 Euro). Der Median der Einkommen in verschiedenen Bundesländern unterschied sich allerdings noch mehr. In Hamburg lag er bei 3 962 Euro, in Mecklenburg-Vorpommern bei nur 2 785 Euro. Das sind sogar 1 177 Euro weniger.

Wie viel Taschengeld?

Ein anderes Beispiel: Nina fragt fünf Klassenkameradinnen, wie viel Taschengeld sie im Monat bekommen. Die Antworten lauten: 70 €, 80 €, 100 €, 120 € und 150 €. Dann weiß sie sofort, dass der Median für das monatliche Taschengeld in ihrer Klasse zu 94 Prozent zwischen 70 und 150 Euro liegt.
Da sie selbst 110 Euro bekommt, hat sie sogar sechs Angaben. Damit erhöht sich die Wahrscheinlichkeit noch. Denn jetzt ist der Median nur noch zu 1,5625 % (= 3,125 % mal 50 %) größer und zu 1,5625 % kleiner als alle sechs Werte. Damit liegt er jetzt zu 96,875 % (= 100 % – 1,5625 % – 1,5625 %) zwischen der kleinsten und der größten Angabe, also zwischen 70 und 150 Euro.
Willst du vom Mittelwert weniger Zahlen auf die Allgemeinheit schließen, geht das nur, wenn du weißt, dass deine Größe normalverteilt ist. Beim Median sind dir keine Grenzen gesetzt. Egal worum es geht, immer kannst du mit wenigen Daten verlässliche Schätzungen für den Median abgeben. Ein paar Beispiele: Das Lebensalter einer Bevölkerung, ihr Internetverhalten, Lufttemperaturen, die Anzahl der geschossenen Tore pro Spiel deines Lieblingsvereins, Schulnoten, die Länge des Schulwegs deiner Mitschülerinnen und Mitschüler.
Ist es nicht faszinierend, wie man von nur fünf Zahlen ausgehend mit knapp 94-prozentiger Sicherheit allgemeingültige Aussagen treffen kann?

Kurz und knapp

Hast du eine Reihe von Größen gesammelt, ist

- der Mittelwert das Ergebnis der Rechnung, wenn du alle Größen zusammenzählst und die Summe durch die Anzahl der Größen teilst.
- der Median die Zahl, die in der Mitte steht, wenn du deine Größen beginnend mit der kleinsten aufsteigend anordnest.

Mittelwert und Median geben beide eine Art Durchschnittswert an. Sie sind aber in der Regel verschieden groß. Den Median brauchst du vor allem dann, wenn in deinen Größen Ausreißer auftauchen.

Anders als gedacht

Unser Gehirn ist ein Meister darin, Muster zu entdecken. Für unsere Vorfahren war das entscheidend, um zu überleben. Nur wer gefährliche Tiere, wie zum Beispiel Säbelzahntiger, frühzeitig entdeckte, konnte sich vor ihnen schützen. Früchte, Pilze und essbare Wurzeln im Urwald zu finden, war genauso wichtig. Dagegen versagt unser Denkapparat regelmäßig dabei, Zufälle richtig einzuschätzen. Denn das brachte weniger Vorteile im Überlebenskampf.

Viele Überraschungen

In vielen Fällen schätzen wir Wahrscheinlichkeiten falsch ein. Die mathematischen Berechnungen widersprechen oft dem, was der sogenannte gesunde Menschenverstand denkt. Bei Spielen und Wetten sind die Chancen häufig ganz anders, als die meisten glauben. Glücklicherweise kannst du dem Zufall auf die Schliche kommen, indem du etwas ausprobierst. Wirfst du etwa eine Münze oder einen Würfel viele Male und schreibst die Ergebnisse auf, kannst du die richtigen Wahrscheinlichkeiten meist ablesen.
Wetten, dass du oft überrascht sein wirst, weil alles anders ist, als du das im Vorhinein gedacht hättest? Mach dir nichts draus: Auch Fachleute täuschen sich immer wieder über die Tücken der Mathematik des Zufalls und reden von sogenannten Paradoxa. Damit meinen sie scheinbare Widersprüche, die sich auflösen, sobald man sie genauer untersucht.

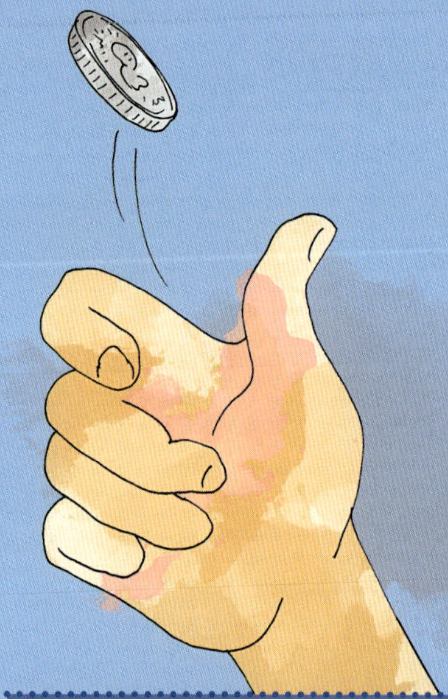

Knifflige Münzen

Das Werfen einer Münze ist eines der einfachsten Zufallsexperimente. Denn es gibt nur zwei Möglichkeiten: Entweder fällt die Münze auf Kopf oder auf Zahl. Dennoch gibt es knifflige Fragestellungen, wenn du eine Münze mehrfach wirfst. Das geht schon bei zweimaligem Werfen los. Was ist wahrscheinlicher? Zweimal Kopf oder einmal Kopf, einmal Zahl?

%

Schwester oder Bruder?

Angenommen, jemand hat zwei Geschwister und sagt, eines davon sei ein Junge. Wie groß ist dann die Wahrscheinlichkeit dafür, dass auch das andere Geschwister männlich ist? Die Frage klingt einfach. Denkt man aber genauer darüber nach, ist die Antwort nicht mehr so klar.

Leidenschaftliche Glücksspieler

Viele reiche Adlige vertrieben sich früher ihre Zeit beim Glücksspiel. Einer von ihnen fragte, nachdem er viel Geld verloren hatte, vor mehr als 350 Jahren einen Mathematiker nach seinen Gewinnchancen. So entstanden die ersten Arbeiten zur Mathematik des Zufalls.

Wer feiert wann?

Dass zwei Menschen am gleichen Tag Geburtstag feiern, erscheint sehr unwahrscheinlich. Dennoch kommt es häufiger vor, als man denkt. In vielen Schulklassen ist die Wahrscheinlichkeit dafür, dass das »Happy Birthday« der Klasse gleich zwei Mitschülern gilt, größer als 50 Prozent.

Auto oder Ziege?

Über ein Gewinnspiel in einer US-amerikanischen Fernsehshow gab es vor einigen Jahren heftigen Streit. Die Kandidatin oder der Kandidat hatte am Schluss der Show die Wahl zwischen drei Türen. Hinter einer von ihnen verbarg sich der Hauptgewinn. Anschließend öffnete der Moderator eine der beiden nicht gewählten Türen, hinter der statt des begehrten Autos eine Ziege stand. Selbst gestandene Fachleute irrten bei der Frage: Soll die Kandidatin oder der Kandidat nun die Wahl der Tür wechseln oder bleibt die Gewinnwahrscheinlichkeit gleich?

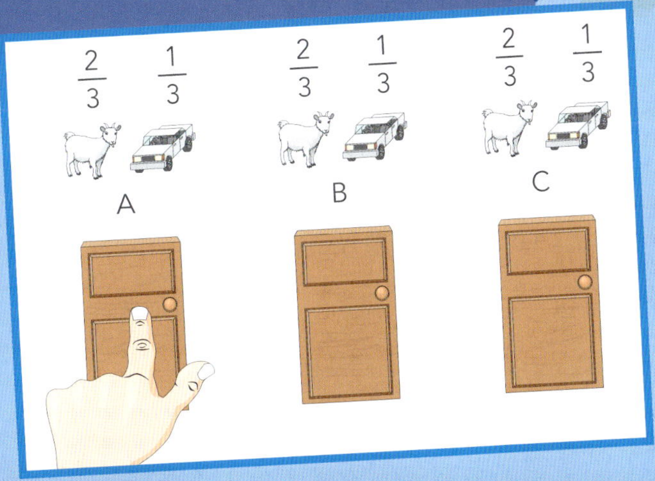

Im Zweifel ausprobieren

Anna und Ben werfen zwei Münzen. Anna sagt: »Jedes der möglichen Ergebnisse ist gleich wahrscheinlich. Ob du auf zweimal Kopf, zweimal Zahl oder einmal Kopf, einmal Zahl setzt, macht keinen Unterschied.« Ben zweifelt an der Aussage. Wer hat recht?

Kopf-Zahl gewinnt

Die ersten Wissenschaftler, die sich vor 300 Jahren mit Wahrscheinlichkeiten beschäftigten, verzweifelten fast an solchen Fragen. Bevor auch du dir den Kopf zerbrichst, kannst du einfach ausprobieren, wer recht hat. Du schnappst dir zwei Münzen, zum Beispiel zwei Ein-Euro-Münzen. Wenn sie nicht gerade unter eine Straßenbahn geraten sind, können wir davon ausgehen, dass sie fair sind und zu je 50 Prozent auf Kopf beziehungsweise Zahl landen. Jetzt wirfst du die beiden Münzen gleichzeitig. Das machst du aber nicht nur einmal, sondern zwanzigmal – und schreibst dir jeweils das Ergebnis auf. Am besten fertigst du dir dazu eine Strichliste an.

Wie oft?

Wenn du in einer Tabelle aufschreibst, wie die Münze gefallen ist, bestimmst du die sogenannten Häufigkeiten. Hast du etwa bei zwanzigmaligem Werfen von zwei Münzen viermal Kopf-Kopf notiert, so ist die absolute Häufigkeit von diesem Ergebnis gleich vier. Die relative Häufigkeit ergibt sich, indem du die vier durch die Anzahl der Versuche, hier also 20, teilst: $\frac{4}{20}$.
Häufigkeiten erhältst du immer durch das Zählen von Ergebnissen – im Gegensatz zu Wahrscheinlichkeiten, die du nur mit theoretischen Überlegungen ermittelst.

Fairer Euro

Dass Euromünzen tatsächlich fair sind, also zu jeweils 50 Prozent auf einer Seite landen, ist wissenschaftlich nachgewiesen. Allerdings nur, wenn ein spezielles Gerät die Münzen in die Luft schleudert. Auf der Kante rotierende Euros hingegen landen mal mehr auf Kopf und mal mehr auf Zahl, abhängig davon, in welchem Land sie geprägt wurden. Die Unterschiede sind aber nur gering.

Fertig? Bestimmt stehen bei dir mehr Striche in der Spalte »einmal Kopf, einmal Zahl«. Stimmt's? In der Tat ist dieses Ergebnis doppelt so wahrscheinlich wie die beiden anderen. Woran liegt das? Jede Münze landet doch zu jeweils 50 Prozent auf Kopf oder Zahl.
Der Grund ist, dass das Ergebnis einmal Kopf, einmal Zahl in Wirklichkeit zwei Ergebnisse umfasst. Das kannst du dir klarmachen, wenn du statt der zweiten Ein-Euro-Münze eine Zwei-Euro-Münze nimmst. Dann gibt es zwei Möglichkeiten: die Ein-Euro-Münze zeigt Kopf, die mit zwei Euro Zahl und umgekehrt die Ein-Euro-Münze Zahl und mit zwei Euro Kopf. Bei zwei von vier Möglichkeiten erscheint demnach einmal Kopf und einmal Zahl, aber nur jeweils einmal tauchen zweimal Kopf

beziehungsweise zweimal Zahl auf. Deshalb ist die Wahrscheinlichkeit für Kopf-Zahl doppelt so groß wie die für Kopf-Kopf oder Zahl-Zahl.

Seltsame Münzen

Wenn es um Glücksspiele geht, kannst du in vielen Fällen deine Chancen abschätzen, indem du lange genug Münzen oder Würfel wirfst und Glücksräder drehst. Nehmen wir ein etwas komplizierteres Beispiel. Anna schlägt Ben folgendes Spiel vor: »Jeder von uns nennt eine Folge von drei Ausgängen beim Wurf mit einer Münze, also zum Beispiel Kopf-Kopf-Zahl, in Zeichen KKZ. Dann werfen wir eine Münze so lange hintereinander, bis einer unserer Tipps aufgetreten ist. Du darfst dir zuerst eine Folge aussuchen.«

Hört sich fair an, oder? Ist es aber gar nicht! Wer als Zweites seine Folge nennt, ist im Vorteil. Zumindest wenn er seine Folge geschickt wählt. Tippt Ben etwa ZZK, so sagt Anna KZZ und hat damit dreimal so hohe Gewinnchancen wie Ben. Woran liegt das?

Beginnen die Münzwürfe nicht gerade mit ZZ, gewinnt Anna. Denn wenn das erste Doppel-Z erscheint, muss vorher ein K gewesen sein und damit ihre Folge KZZ. Die Wahrscheinlichkeit für ZZ ist, wie du beim Ausprobieren oben gesehen hast, ein Viertel. Nur dann gewinnt Ben, zu den restlichen drei Vierteln Anna. Hättest du das gedacht?

Wer seine Folge als Zweites nennt, kann sich immer einen Vorteil verschaffen. Dazu muss die Person ihre Folge so wählen, dass ihre zweiten beiden Buchstaben mit den ersten beiden der anderen Person übereinstimmen. Als ersten Buchstaben wählt sie das Gegenteil des zweiten Buchstabens der anderen. Dann liegt ihre Wahrscheinlichkeit zu gewinnen bei 50 Prozent, wenn ihre zweiten beiden Buchstaben auftauchen. Denn es muss schließlich nur vorher der richtige Wurf gewesen sein. Die der anderen Person hingegen ist kleiner, da vorher nicht die Wahl der anderen gekommen sein darf und hinterher die eigene kommen muss. Wenn du es nicht glaubst, probiere es aus!

BEN	ANNA	ANNAS WAHRSCHEINLICHKEIT ZU GEWINNEN
KKK	ZKK	$\frac{7}{8}$
KKZ	ZKK	$\frac{3}{4}$
KZK	KKZ	$\frac{2}{3}$
ZKK	ZZK	$\frac{2}{3}$
KZZ	KKZ	$\frac{2}{3}$
ZKZ	ZZK	$\frac{2}{3}$
ZZK	KZZ	$\frac{3}{4}$
ZZZ	KZZ	$\frac{7}{8}$

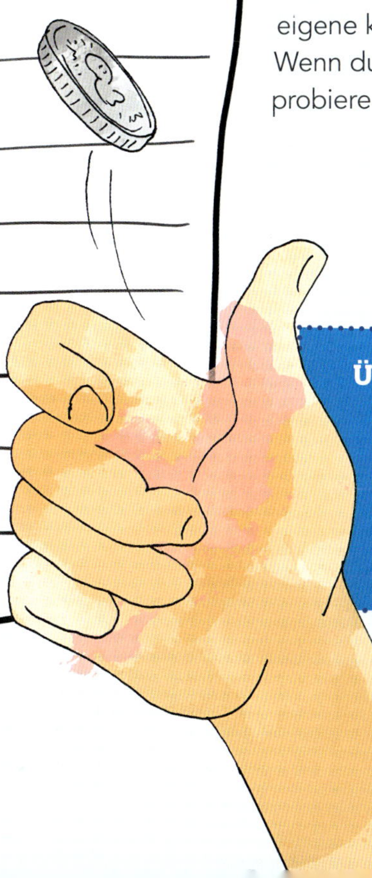

Überraschung
Geht es um Wahrscheinlichkeiten, ist dem gesunden Menschenverstand nicht zu trauen. Oft stimmen sie nicht mit dem überein, was wir erwarten.

Schwester oder Bruder?

Mia sagt: »Ich habe zwei Geschwister. Eines von den beiden ist ein Junge.« Wie groß ist die Wahrscheinlichkeit, dass Mia zwei Brüder hat? Der Einfachheit halber gehen wir davon aus, dass es genauso viele Mädchen wie Jungen gibt, also die Wahrscheinlichkeit für jedes der beiden Geschlechter gleich $\frac{1}{2}$ oder 50 Prozent ist.

Wie stehen die Chancen, dass Mia zwei Brüder hat? Was meinst du?

Zwei Jungs eher nicht

Die meisten Menschen denken, die Information, dass Mia mindestens einen Bruder hat, spiele keine Rolle für das Geschlecht ihres zweiten Geschwisters. Das zweite Geschwisterkind wäre damit zu 50 Prozent ein Junge. Klingt ja auch logisch, stimmt nur nicht.
In Wirklichkeit hat sie nur mit einer Wahrscheinlichkeit von $\frac{1}{3}$ gleich $33,\overline{3}$ Prozent zwei Brüder und entsprechend zu $\frac{2}{3}$ gleich $66,\overline{6}$ Prozent einen Bruder und eine Schwester.

Warum ist das so?

Hat Mia zwei Geschwister, gibt es vier Möglichkeiten: Beide können Mädchen sein, das ältere ein Junge und das jüngere ein Mädchen, das ältere ein Mädchen und das jüngere ein Junge oder beide Jungen, abgekürzt: MM, JM, MJ, JJ. Alle vier Fälle sind gleich wahrscheinlich. Jetzt wissen wir aber schon, dass ein Geschwister ein Junge ist. Das heißt, die erste Möglichkeit fällt weg und es bleibt JM, MJ und JJ. In nur einem von drei Fällen ist also das andere Geschwister ein Junge. Die Wahrscheinlichkeit für zwei Brüder ist demnach nur $\frac{1}{3}$ gleich $33,\overline{3}$ Prozent und die für einen Bruder und eine Schwester $\frac{2}{3}$ gleich $66,\overline{6}$ Prozent.

Anders sähe aus, wenn Mia gesagt hätte: »Ich habe zwei Geschwister. Das ältere der beiden ist ein Junge.« Denn dann blieben von unseren vier Möglichkeiten MM, JM, MJ und JJ nur zwei übrig: JM und JJ. Zwei Brüder hätte sie dann in einem von zwei möglichen, gleich wahrscheinlichen Fällen und damit zu 50 Prozent.
Obwohl die beiden Aussagen sehr ähnlich klingen, unterscheiden sich die Wahrscheinlichkeiten deutlich. Wenn Mia sagt, eines von beiden Geschwistern ist ein Junge, trifft sie eine allgemeinere Aussage, die mehr Möglichkeiten offenlässt, als wenn sie das Geschlecht ihres älteren Geschwisters verrät.

Gold oder Silber?

Das Geschwisterproblem ist eine Abwandlung eines Rätsels, das der Mathematiker Joseph Bertrand vor mehr als 130 Jahren gestellt hat. In drei Schubladen liegen Münzen. In der ersten sind zwei Goldmünzen, in der zweiten eine aus Gold und eine aus Silber und in der dritten zwei Silbermünzen. Aus einer zufällig gewählten Schublade greifen wir blind eine Münze heraus. Diese ist eine Goldmünze. Mit welcher Wahrscheinlichkeit ist die andere Münze in dieser Schublade ebenfalls aus Gold? Da wir eine Goldmünze gezogen haben, kommen nur die ersten

In Deutschland werden nicht genau gleich viele Jungen wie Mädchen geboren. Von 100 eugeborenen Babys sind im Durchschnitt 51 männlich und 49 weiblich.

beiden Schubladen in Betracht. Damit bleiben drei Möglichkeiten: Wir haben aus der ersten Schublade die eine Goldmünze gezogen, wir haben aus der ersten Schublade die andere Goldmünze gezogen und wir haben aus der zweiten Schublade die Goldmünze gezogen. Alle drei Fälle sind gleich wahrscheinlich. In den ersten beiden ist die nicht gezogene Münze in der gewählten Schublade aus Gold, nur im dritten Fall ist sie das nicht. Damit ist die Wahrscheinlichkeit, dass die andere Münze in der gewählten Schublade aus Gold ist, $\frac{2}{3}$ gleich $66,\overline{6}$ Prozent.

Damit hast du nicht gerechnet, oder?

Bedingte Wahrscheinlichkeiten

Geschwister- und Münzenproblem sind Beispiele für sogenannte bedingte Wahrscheinlichkeiten. Bei ihnen geht es darum, die Wahrscheinlichkeit eines Ereignisses zu bestimmen, wenn man weiß, dass eine bestimmte Voraussetzung erfüllt ist. Bei den Geschwistern ist das die Information, dass Mia einen Bruder hat, bei den Münzen weiß man, dass eine Goldmünze gezogen wurde.

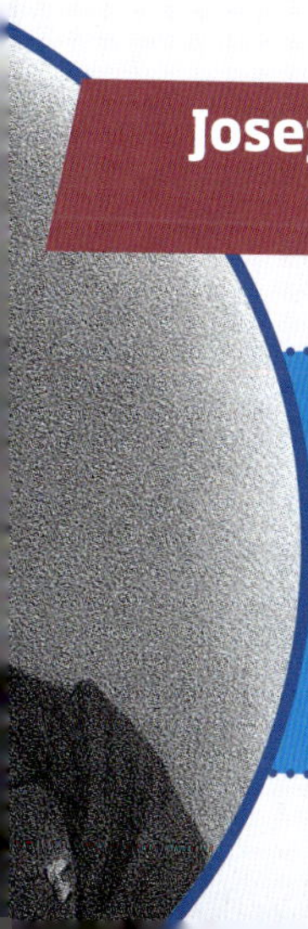

Joseph Bertrand
1822–1900

Bertrand durfte bereits im Alter von elf Jahren Vorlesungen an der berühmten École polytechnique in Paris hören. Mit 17 war er schon selbst Doktor der Mathematik!

Probiere es aus

Auch wenn du keine Gold- und Silbermünzen hast, kannst du die Münzen-Aufgabe mit Versuchen überprüfen. Dazu steckst du Euro-Münzen in Socken. In die erste Socke zwei Ein-Euro-Münzen, in die zweite eine Ein-Euro-Münze und eine mit 50 Cent und in die dritte zwei 50-Cent-Münzen. Jetzt würfelst du, aus welcher Socke du ziehst. Bei einer Eins oder Zwei greifst du in die erste, bei einer Drei oder Vier in die zweite und bei einer Fünf oder Sechs in die dritte.
Ohne die Münzen zu befühlen, ziehst du jetzt eine aus der ausgewürfelten Socke. Ist sie eine Ein-Euro-Münze, schreibst du dir den Wert der anderen Münze auf. Wenn du das 60-mal wiederholst, solltest du ungefähr 30-mal abgebrochen haben, weil du ein 50-Cent-Stück gezogen hast. Rund 20-mal solltest du notiert haben, dass die andere Münze in der ausgewürfelten Socke einen Euro wert war. Und ungefähr zehnmal war sie nur 50 Cent wert.

Auto oder Ziege?

In einer US-amerikanischen Fernsehshow konnte die Gewinnerin oder der Gewinner des Abends zwischen drei Türen wählen. Hinter einer der drei Türen befand sich als Hauptgewinn ein Auto, hinter den beiden anderen als Nieten je eine Ziege. Nach der Wahl einer Tür öffnete der Showmaster nicht gleich diese Tür, sondern eine der anderen beiden Türen, hinter der eine Ziege meckerte. Die Kandidatin oder der Kandidat konnte nun bei seiner Tür bleiben oder seine Wahl ändern und sich eine andere Tür aussuchen. Erhöhen sich dadurch die Gewinnchancen?

Welche Tür wählst du?

Was glaubst du? Verändert sich die Wahrscheinlichkeit, das Auto zu gewinnen, wenn gewechselt wird? Die meisten Menschen antworten nach kurzem Nachdenken: Nein, der Wechsel bringt nichts, weil wir ja nach wie vor nicht wissen, wo das Auto steht.
Ob das stimmt, bekommst du am einfachsten heraus, indem du beide Strategien ausprobierst. Einmal bleibst du bei der zuerst gewählten Tür und einmal wechselst du. Da die Türen alle gleich sind, kannst du immer auf die erste Tür, nennen wir sie A, tippen. Hinter welcher Tür das Auto steht, würfelst du am besten aus. Wenn du 1 oder 2 würfelst, steht es hinter A, bei 3 und 4 hinter B und bei 5 und 6 hinter C.
Zuerst spielst du die Strategie ohne Türwechsel durch. Du würfelst 60-mal hintereinander und machst jedes Mal einen Strich, wenn du das Auto gewinnst. Da du es immer dann bekommst, wenn es hinter A steht, der Würfel also 1 oder 2 zeigt, wirst du in ungefähr 2 von 6 Fällen gewinnen. Bei 60 Versuchen ist das rund 20-mal.
Jetzt ziehst du das Ganze mit Türwechsel durch. Der Würfel bestimmt wieder, wo das Auto steht. Die Rolle des Moderators übernimmst du selbst. Öffne die Tür B, wenn dahinter eine Ziege steht, und ändere deine Wahl in C. Öffne die Tür C, wenn dahinter eine Ziege steht und nimm nun B. Stehen hinter B und C Ziegen, öffne einmal B und beim nächsten Mal C und so fort und wechsle dann jeweils zur anderen Tür. Nach 60 Runden zählst du deine Striche, die du wieder bei jedem Autogewinn zeichnest. Und? Es sind mehr als bei der ersten Strategie ohne Türwechsel, stimmt's?

Gewinnchancen verdoppelt

Du solltest beim Durchgang mit Türwechsel etwa 40 Striche gemacht haben. Die Wahrscheinlichkeit, das Auto zu gewinnen, verdoppelt sich nämlich bei dieser Strategie. Statt $33,\overline{3}$ Prozent beträgt sie jetzt $66,\overline{6}$ Prozent. Woran liegt das? Wenn du die Tür nicht wechselst, ist die Gewinnwahrscheinlichkeit klar: In einem von drei Fällen steht das Auto hinter der Tür, die du gewählt hast.
Bei einem Wechsel der Türen ist es etwas komplizierter. Wenn das Auto hinter der Tür A steht, verlierst du zwar, wenn du wechselst. Aber wenn das Auto nicht hinter Tür A steht, gewinnst du nun sicher. Denn der Moderator zeigt dir ja, hinter welcher der beiden verbleibenden Türen eine Ziege steht. Wir gewinnen also in zwei von drei Fällen, nämlich dann, wenn das Auto entweder hinter B oder hinter C steht:

- Steht es hinter B, zeigt der Showmaster die Ziege hinter C. Denn er öffnet weder die Tür, die du gewählt hast, noch die, hinter der das Auto steht. Du wechselst von A zu B und gewinnst.
- Ist C die Tür zum Wagenbesitz, öffnet der Showmaster B. Du wechselst und gewinnst.
- Nur wenn A die Tür zum Glück ist, verlierst du.

Wenn du dir am Anfang sicher warst, dass ein Türwechsel nichts bringt, brauchst du dich

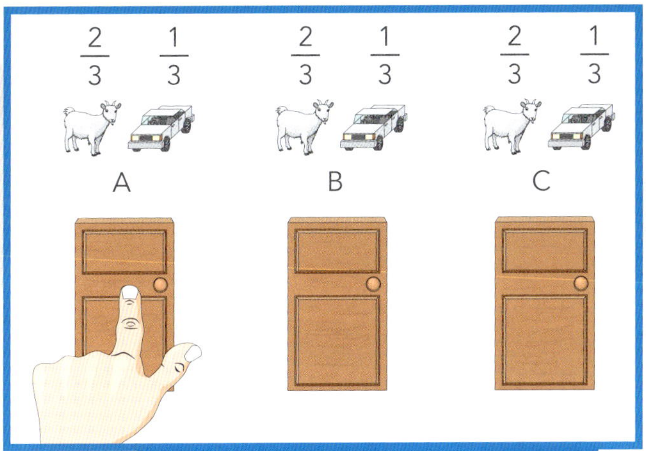

Am Anfang sind die Wahrscheinlichkeiten leicht auszurechnen. Hinter einer von drei Türen steht das Auto, also ist die Wahrscheinlichkeit bei der Wahl einer Tür immer genau $\frac{1}{3}$.

Nachdem eine Tür geöffnet wurde, steht hinter der zuerst gewählten Tür das Auto immer noch in einem von drei Fällen, hinter der anderen Tür aber in zwei von drei Fällen.

nicht zu grämen. Du bist in allerbester Gesellschaft. Als die US-amerikanische Journalistin Marilyn vos Savant vor einigen Jahren über das Ziegenproblem und seine Lösung berichtete, bekam sie mehr als 10 000 zum größten Teil erboste Leserbriefe. Wie könne sie nur so dumm sein und glauben, dass ein Türwechsel etwas bringe, schrieben die meisten. Unter ihnen waren auch einige studierte Mathematiker. Geht es um Zufälle, kann man sich eben oft nicht auf den gesunden Menschenverstand verlassen.

Auch Gelehrte irren

Mit dem Berechnen von Chancen scheint das menschliche Hirn seine Probleme zu haben. Auch geniale Geister haben sich da schon vertan. So hielt es der deutsche Gelehrte Gottfried Wilhelm Leibniz vor gut 300 Jahren für gleich wahrscheinlich, mit zwei Würfeln die Augensumme 11 oder 12 zu erzielen.

Wie du leicht ausprobieren kannst, ist die 11 doppelt so wahrscheinlich wie die 12. Der Grund: Die Augensumme 11 kommt auf zwei Arten zustande, nämlich dann, wenn der erste Würfel 5 zeigt und der zweite 6 oder andersherum der erste 6 zeigt und der zweite 5. Die 12 ergibt sich hingegen nur, wenn beide Würfel auf die 6 fallen.

Gottfried Wilhelm Leibniz
1646–1716

Immer diese Sechser

Der Chevalier de Meré, zu Deutsch der Ritter von Meré, war reich, adlig, klug und gebildet, ein Ehrenmann und Schriftsteller. Doch hatte er eine Schwäche: das Glücksspiel. Der Franzose verlor dabei im 17. Jahrhundert viel Geld. Um das zu beenden, bat er seinen Freund, den Mathematiker Blaise Pascal, die Gewinnwahrscheinlichkeiten beim Würfeln auszurechnen. Der wiederum diskutierte sie mit seinem Kollegen Pierre de Fermat. Der Briefwechsel der beiden gilt heute als der Ursprung der mathematischen Wahrscheinlichkeitsrechnung.

Der Sechser-Pasch

Die Wahrscheinlichkeit, einen Sechser-Pasch, also mit zwei Würfeln zwei Sechser, zu werfen, beträgt $\frac{1}{36}$. Denn beide Würfel müssen dazu unabhängig voneinander die Sechs zeigen. Daher rechnen wir $\frac{1}{6} \cdot \frac{1}{6} = \frac{1}{36} = 2{,}\overline{7}$ Prozent.

Das wusste bereits de Meré. Der leidenschaftliche Spieler vermutete weiter, es sei genauso wahrscheinlich, in vier Würfen mit einem Würfel eine Sechs zu erzielen, wie in 24 Würfen mit zwei Würfeln eine Doppel-Sechs.
Denn $4 \cdot \frac{1}{6} = \frac{2}{3} = 24 \cdot \frac{1}{36}$. Klingt logisch.

Ist es aber nicht, wie de Meré leidvoll erfahren musste. Er setzte Geld darauf und verlor.

Zwei Sechser in einem Wurf – das kommt selten vor. Durchschnittlich nämlich nur einmal in 36 Fällen.

Der Fehler bei seinen Überlegungen: Die Wahrscheinlichkeiten für jeden Würfelversuch zusammenzuzählen, ist verkehrt. Das kannst du dir so klarmachen: Wenn du für jeden Wurf ein Sechstel dazuzählst, hast du bei sechs Würfen sechsmal ein Sechstel und das ergibt eins. Das würde bedeuten, dass bei sechs Würfen immer eine Sechs auftritt. Du hast bestimmt schon mal beim Mensch-ärgere-dich-nicht oder einem anderen Spiel erlebt, dass die Sechs manchmal viel länger auf sich warten lässt.
Wenn du für jeden Wurf ein Sechstel dazuzählst, überschätzt du die Wahrscheinlichkeit. Denn wenn der zweite Wurf eine Sechs ergibt, zählt das nicht immer. Es könnte ja sein, dass du bereits im ersten Wurf eine Sechs erzielt hast. Die Wahrscheinlichkeit für mindestens eine Sechs in zwei Würfen ist
$\frac{1}{6} + \frac{5}{6} \cdot \frac{1}{6} = \frac{11}{36} = 30{,}\overline{5}$ Prozent. Dabei steht das erste ein Sechstel für die Chance, im ersten Wurf eine Sechs zu erzielen. $\frac{5}{6} \cdot \frac{1}{6}$ ist die Wahrscheinlichkeit, im ersten Wurf keine Sechs zu haben, aber im zweiten schon.

Um die Ecke gedacht

Wenn du die Überlegung auf mehrere Würfe anwendest, wird die Berechnung etwas kompliziert. Einfacher und eleganter ist es, mit dem sogenannten Gegenereignis zu rechnen.
Das Gegenereignis von »eine Sechs würfeln« ist »keine Sechs würfeln«. Die Wahrscheinlichkeit dafür ist fünf Sechstel: $\frac{5}{6}$. Denn du kannst eine Eins, eine Zwei, eine Drei, eine Vier oder eine Fünf würfeln. Die Wahrscheinlichkeit für das Gegenereignis ist immer eins minus der Wahrscheinlichkeit für das Ereignis, in unserem Fall also $1 - \frac{1}{6} = \frac{5}{6}$. Die Wahrscheinlichkeit

Würfelglück ist eine Frage der Wahrscheinlichkeitsrechnung.

für »in zwei Würfen keine Sechs« ist dann $\frac{5}{6} \cdot \frac{5}{6} = \frac{25}{36}$. Die des Gegenereignisses – »mindestens eine Sechs in zwei Würfen« – berechnet sich als $1 - \frac{25}{36} = \frac{11}{36}$. »Mit vier Würfen keine Sechs«: $\frac{5}{6} \cdot \frac{5}{6} \cdot \frac{5}{6} \cdot \frac{5}{6} = \frac{625}{1296}$

und schließlich »mit vier Würfen mindestens eine Sechs«:
$1 - \frac{625}{1296} = \frac{671}{1296} = 51{,}77\ldots$ Prozent.

Genauso berechnen wir die Sechser-Pasche. Die Wahrscheinlichkeit, bei einem Wurf keine Doppel-Sechs zu erzielen, ist $1 - \frac{1}{36} = \frac{35}{36}$.

Um die Wahrscheinlichkeit zu ermitteln, in 24 Würfen keinen Sechser-Pasch zu haben, müssen wir diesen Bruch 24-mal mit sich selbst malnehmen. In der Mathematik schreibt man dafür eine sogenannte Hochzahl hin: $\left(\frac{35}{36}\right)^{24}$.

Die Chance, mit 24 Würfen mindestens einen Sechser-Pasch zu schaffen, ist damit
$1 - \left(\frac{35}{36}\right)^{24} = 49{,}14\ldots$ Prozent.

Es ist also etwas unwahrscheinlicher, mit zwei Würfeln in 24 Versuchen einen Doppel-Pasch zu bekommen als mit einem Würfel bei vier Versuchen eine Sechs.

Der Unterschied ist mit weniger als drei Prozent nur gering. Um das beim Glücksspiel zu bemerken, muss man schon ein so eifriger Spieler wie de Meré sein.

Das Gegenereignis

Willst du Wahrscheinlichkeiten berechnen, brauchst du oft das Gegenereignis, das heißt alle möglichen Ausgänge außer denen des Ereignisses. Beim Münzwurf ist das Gegenereignis zu Kopf natürlich Zahl. Wenn du die Münze zweimal wirfst und auf zweimal Kopf setzt, ist das Gegenereignis mindestens einmal Zahl. Wirfst du sie fünfmal und tippst auf mindestens dreimal Zahl, ist das Gegenereignis höchstens zweimal Zahl.
Nimmt man Ereignis und Gegenereignis zusammen, kommen alle denkbaren Möglichkeiten heraus. Für Letzteres ist die Wahrscheinlichkeit gleich 1. Denn eine von allen Möglichkeiten tritt immer ein. Daraus folgt, dass die Wahrscheinlichkeit für ein Ereignis immer eins minus die Wahrscheinlichkeit für das Gegenereignis ist.

Der Verzicht

Ein anderes Problem des Chevalier de Meré drehte sich um eine Entschädigung. Stell dir vor, du würfelst viermal hintereinander. Wenn du eine Sechs erzielst, bekommst du sechs Euro ausbezahlt. Wie viel Euro kannst du verlangen, wenn du auf deinen ersten Wurf verzichtest?
Damit es gerecht zugeht, solltest du so viel bekommen, wie dir an durchschnittlichem Gewinn entgeht. Im ersten Wurf schaffst du mit einer Wahrscheinlichkeit von einem Sechstel eine Sechs. Daher sollte dir ein Sechstel der sechs Euro zustehen. Das ist ein Euro.

Spielabbruch

Glücksspiele erfreuen sich schon seit Jahrtausenden einer großen Beliebtheit. Und immer wieder streiten die Spielenden über Gewinn und Verlust. Oft geht es dabei um einen vermeintlichen Betrug einer der Parteien, manchmal aber auch um Fragen, die sich nur mathematisch lösen lassen.

Wie kann es weitergehen?

So fragte sich der französische Adlige Chevalier de Meré vor mehr als 300 Jahren, wie der Einsatz gerecht zu verteilen sei, wenn ein Spiel, das über mehrere Runden angesetzt war, vorzeitig beendet wird.
Ein Beispiel: Antonia und Paul setzen jeweils fünf Euro und werfen eine Münze. Bei Kopf gewinnt Antonia, bei Zahl Paul. Sieger ist, wer als Erstes drei Runden für sich entschieden hat. Aus irgendeinem Grund wird das Spiel nach drei Runden beim Stand von zwei zu eins für Antonia abgebrochen. Wie wäre es gerecht, den Einsatz zu verteilen, den sie und Paul geleistet haben?
Antonia sagt: »Ich habe bisher doppelt so oft gewonnen wie Paul. Also bekomme ich doppelt so viel vom Einsatz wie er.« Paul widerspricht: »Das Spiel ist nicht zu Ende. Deshalb behält jeder seinen Einsatz.« Was meinst du?
Der Chevalier de Meré fragte die Mathematiker Blaise Pascal und Pierre de Fermat nach einer gerechten Lösung. Deren Antwort: Beide – Antonia wie Paul – liegen falsch. Es komme nicht darauf an, was bisher geworfen wurde. Entscheidend sei vielmehr, wie es weitergehen könne.
Zeigt die Münze in der nächsten Runde Kopf, siegt Antonia. Bei Zahl steht es hingegen zwei zu zwei. In diesem Fall ist eine fünfte Runde notwendig. Wenn dann Kopf oben liegt, hat wieder Antonia die Nase vorn, sonst Paul.
Paul gewinnt also nur dann, wenn die Münze in der vierten und fünften Runde jeweils Zahl zeigt. Die Wahrscheinlichkeit dafür beträgt 50 % · 50 % = 25 %. In einem von vier Fällen hat also Paul das glückliche Ende für sich.
Da es kein Unentschieden gibt, ist Antonia in 100 % – 25 % = 75 % siegreich, das heißt in drei von vier Fällen.
Wird das Spiel nach drei Runden beim Stand von zwei zu eins für Antonia abgebrochen, ist die gerechte Verteilung des Einsatzes daher 75 Prozent für Antonia und 25 Prozent für Paul. Da beide je fünf Euro einbezahlt haben, bekommt Antonia 7,50 Euro und Paul nur 2,50 Euro. Wenn du Zweifel hast, probiere es aus. Spiele das Spiel mit einer Münze 20-mal zu Ende und schreibe dir jeweils auf, wer gewinnt. In ungefähr 15 Fällen wird Antonia die Nase vorn haben.

Blaise Pascal
1623–1662

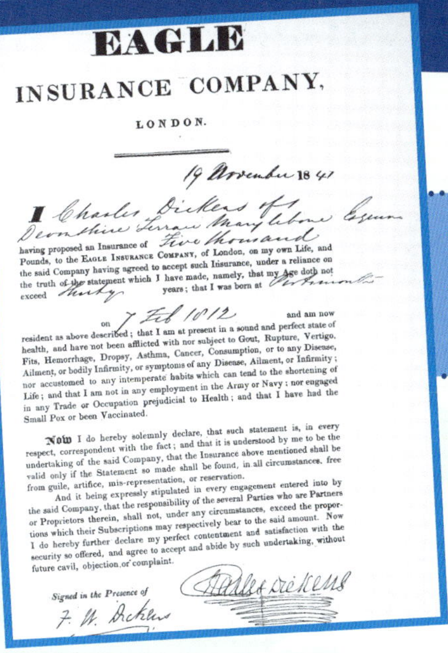
EAGLE

INSURANCE COMPANY,

LONDON.

19 November 1841

I Charles Dickens of 1 Devonshire Terrace Marylebone Esquire having proposed an Insurance of Five thousand Pounds, to the Eagle Insurance Company, of London, on my own Life, and the said Company having agreed to accept such Insurance, under a reliance on the truth of the statement which I have made, namely, that my Age doth not exceed thirty years; that I was born at Portsmouth on 7 Feb 1812 and am now resident as above described; that I am at present in a sound and perfect state of health, and have not been afflicted with nor subject to Gout, Rupture, Vertigo, Fits, Hemorrhage, Dropsy, Asthma, Cancer, Consumption, or to any Disease, Ailment, or bodily Infirmity, or symptoms of any Disease, Ailment, or Infirmity; nor accustomed to any intemperate habits which can tend to the shortening of Life; and that I am not in any employment in the Army or Navy; nor engaged in any Trade or Occupation prejudicial to Health; and that I have had the Small Pox or been Vaccinated.

Now I do hereby solemnly declare, that such statement is, in every respect, correspondent with the fact; and that it is understood by me to be the undertaking of the said Company, that the Insurance above mentioned shall be valid only if the Statement so made shall be found, in all circumstances, free from guile, artifice, mis-representation, or reservation.

And it being expressly stipulated in every engagement entered into by the said Company, that the responsibility of the several Parties who are Partners or Proprietors therein, shall not, under any circumstances, exceed the proportions which their Subscriptions may respectively bear to the said amount. Now I do hereby further declare my perfect contentment and satisfaction with the security so offered, and agree to accept and abide by such undertaking, without future cavil, objection or complaint.

Charles Dickens

Signed in the Presence of

F. W. Dickens

Mithilfe der Wahrscheinlichkeitsrechnung konnten Versicherungen ihr Risiko kalkulieren.

Frühere Versuche

Einen vorzeitigen Spielabbruch untersuchten andere Gelehrte schon vor Pascal und de Fermat. Der italienische Mathematiker Pacioli schlug vor, beim Stand von zwei zu eins den Einsatz in diesem Verhältnis zu teilen. Bei einem gesamten Einsatz von zehn Euro hieße das 6,66 Euro zu 3,33 Euro. Sein Kollege Tartaglia meinte hingegen, das Problem sei mathematisch gar nicht zu lösen, sondern nur vor Gericht.

Die Geburtsstunde

Eigentlich ist die Überlegung der beiden Franzosen nicht besonders schwierig. Aber im 17. Jahrhundert widersprach sie dem damaligen Denken. Man ging davon aus, dass die Menschen nichts über die Zukunft wissen könnten. Das war allein Gott vorbehalten. Pascal und de Fermat zeigten indes nicht nur die Möglichkeiten auf, die die Zukunft bietet. Sie berechneten sogar die Wahrscheinlichkeiten, nach denen sie eintreten.

Zwar hatte das Glücksspiel schon damals nicht den besten Ruf und war wohl auch – außer für de Meré und seinesgleichen – nicht das wichtigste Thema der Zeit. Dennoch stießen die Arbeiten der beiden Franzosen auf das Interesse anderer Gelehrter, die deren Ansätze bald erweiterten. Und schon kurz danach fand sich eine weitere Anwendung für diese neue Mathematik des Zufalls: Die damals aufkommenden Versicherungsunternehmen gründeten ihr Geschäft auf die dadurch möglichen Berechnungen.

Mathematik als Hobby

Pierre de Fermat war von Beruf Jurist. Mit Mathematik befasste er sich nur in seiner Freizeit. Nicht nur wegen seines Briefwechsels mit Pascal gilt er als der berühmteste Hobby-Mathematiker, der jemals gelebt hat.

Einmal kritzelte der Franzose an den Rand eines Buches eine mathematische Vermutung, die die Fachwelt in Verzweiflung stürzen sollte. Über 300 Jahre blieb sie trotz vieler Bemühungen ohne Beweis. Wie zum Hohn hatte de Fermat damals ins Buch geschrieben, er kenne einen Beweis für sie. Doch sei der Rand der Buchseiten zu klein, um ihn zu fassen. Ende des 20. Jahrhunderts gelang es schließlich, die Vermutung mithilfe moderner mathematischer Theorien zu beweisen.

Pierre de Fermat
1607–1665

Gleiche Geburtstage

Frau Schulz ist Mathe-Lehrerin und schlägt ihrer Klasse eine Wette vor: »Wenn mindestens zwei von euch am selben Tag im Jahr Geburtstag haben, gewinne ich die Wette und ihr müsst einen Monat lang alle immer die Hausaufgaben machen. Feiern alle an verschiedenen Tagen Geburtstag, bringe ich einen Monat lang zu jeder Mathe-Stunde Gummibärchen mit.« Klingt so, als ob die 26 Schülerinnen und Schüler von Frau Schulz fast sicher mit Gummibärchen verwöhnt werden. Findest du nicht?

Doppelte Feier

Als Mathe-Lehrerin hat sich Frau Schulz natürlich vorher ihre Chancen ausgerechnet. Zu knapp 60 Prozent gewinnt sie die Wette. Erstaunlich, oder? Woran liegt das? Es sind doch 365 Tage zur Auswahl. Warum ist dann die Wahrscheinlichkeit so groß, dass zwei Schüler oder Schülerinnen am gleichen Tag feiern?

Selbst wenn man das Ergebnis zunächst kaum glauben mag, lässt es sich erklären. Es geht nicht darum, dass zwei bestimmte Personen am gleichen Tag Geburtstag haben Es genügt, dass irgendwelche zwei gleichzeitig feiern. Und bei 26 Schulkindern gibt es immerhin schon 325 mögliche Paare. Zudem ist nicht verlangt, dass zwei an einem bestimmten Tag im Jahr Geburtstag haben, sondern an irgendeinem. Dadurch sind die Chancen höher, als man denkt.

Ähnlich wie beim Würfeln der Sechser und Sechser-Pasche lässt sich die Wahrscheinlichkeit nicht direkt ausrechnen, sondern nur über das Gegenereignis. Dafür ordnen wir die Schülerinnen und Schüler nach dem Alphabet und berechnen die Wahrscheinlichkeit, dass keine zwei am selben Tag Geburtstag haben. Dann kann Anna ihren Jubeltag irgendwann im Jahr haben. Für Ben bleiben nur 364 Tage von 365 übrig, da er ja nicht am gleichen Tag feiern soll wie Anna. Cindy darf nicht zusammen mit Anna oder Ben feiern, das heißt, für sie haben wir 363 von 365 Möglichkeiten (alle Tage des Jahres außer Annas und Bens Geburtstag).

Und so geht es weiter bis Zlatan, für den noch 365 – 25 = 340 Tage von 365 übrig bleiben.

Von Anna bis Zlatan

Die Wahrscheinlichkeit, dass Anna und Ben nicht am gleichen Tag Geburtstag haben, ist somit $\frac{364}{365}$. Denn Anna kann irgendwann Geburtstag haben, Ben an allen Tagen außer Annas Festtag. Kommt jetzt Cindy dazu, nimmst du diese Wahrscheinlichkeit mit $\frac{363}{365}$ mal.

Denn Cindy hat nur noch 363 von 365 Tagen zur Auswahl, wenn sie einen anderen Geburtstag haben soll als die anderen beiden. Drei Personen haben daher mit einer Wahrscheinlichkeit von

$\frac{364}{365} \cdot \frac{363}{365}$ an verschiedenen Tagen Geburtstag.

Für 26 Menschen rechnen wir:

$$\frac{364}{365} \cdot \frac{363}{365} \cdot \ldots \cdot \frac{341}{365} \cdot \frac{340}{365} = 40{,}17\ldots \text{ Prozent.}$$

Die Wahrscheinlichkeit, dass zwei Schülerinnen oder Schüler aus der Klasse am selben Tag feiern, ist damit ungefähr 100 % – 40 % = 60 %.

Am gleichen Tag Geburtstag zu haben heißt dabei zum Beispiel am 14.3. zu feiern. Auf die Jahreszahl kommt es nicht an. Zudem haben wir bei unserer Rechnung Schaltjahre vernachlässigt.

Schon bei 23 Personen ist die Wahrscheinlichkeit, dass zwei von ihnen am selben Tag Geburtstag haben, über 50 Prozent. Und bei 40 Menschen liegt sie schon bei knapp 90 Prozent.

Weil das die meisten Menschen erstaunlich

Jeder feiert gerne Geburtstag. Wenn du alle deine Mitschüler und Mitschülerinnen einlädst, hat einer oder eine mit erstaunlich großer Wahrscheinlichkeit auch am selben Tag Geburtstag.

finden, spricht man vom Geburtstagsparadoxon. Paradoxon kommt aus dem Griechischen und steht für einen Widerspruch, der sich bei genauer Untersuchung auflöst.

Vor Gericht

Das Geburtstagsparadoxon ist nicht nur eine mathematische Spielerei. Zum Beispiel kann es vor Gericht entscheidend sein. Soll eine Angeklagte oder ein Angeklagter etwa wegen eines Fingerabdrucks oder eines Gentests verurteilt werden, muss ein Gutachten abschätzen, wie sicher er oder sie die Tat begangen hat. Zwar ist die Wahrscheinlichkeit sehr gering, dass der Abdruck oder Gentest zweier bestimmter Personen genau übereinstimmt. Kommen aber sehr viele Menschen in Frage, ist die Wahrscheinlichkeit nicht mehr so klein, dass zwei von ihnen dieselben Spuren hinterlassen haben. Unsere Überlegungen zu Geburtstagen könnten daher zum Freispruch führen.

Verschwörungstheorien

Sogar manche Verschwörungstheorie hat ihren Grund im Geburtstagsparadoxon. Wusstest du, dass die ehemaligen US-amerikanischen Präsidenten Harry Truman und Gerald Ford beide an einem 26. Dezember starben? Wer da eine Verschwörung wittert, hat allerdings keine Ahnung von der Mathematik des Zufalls. Da 36 ehemalige US-Präsidenten schon gestorben sind, liegt die Wahrscheinlichkeit, dass es zwei am selben Tag erwischt hat, bei 83 Prozent.

Auch vor Gericht spielen Wahrscheinlichkeiten eine große Rolle.

Richtig schließen

In den Medien begegnen dir ständig farbige Diagramme und Grafiken, die wirtschaftliche, gesellschaftliche, naturwissenschaftliche oder sportliche Daten darstellen. Hinter ihnen steckt die Mathematik des Zufalls. Um die bunten Bilder richtig zu verstehen, solltest du genau hinschauen.

Vorsicht, Fehler!

Oft legen Diagramme und Grafiken Zusammenhänge nahe, die gar nicht zutreffen oder zumindest nicht sicher sind. Wenn sich zwei Größen zum Beispiel gleichförmig verändern, heißt das noch nicht, dass es einen inhaltlichen Zusammenhang gibt. Und das ist nur ein Beispiel für die Gefahr, Zahlen falsch zu deuten. Bei Umfragen, aber auch in vielen anderen Zusammenhängen werden nur einzelne Fälle untersucht und dann auf eine größere Gesamtheit geschlossen. Klar, dass dabei Fehler auftreten. In der Darstellung der Ergebnisse ist davon indes häufig nicht die Rede. Mit der Mathematik des Zufalls lassen sich die Fehler bestimmen. Mit ihr lässt sich die Wahrscheinlichkeit berechnen, dass die Auswahl der einzelnen Fälle zu Verzerrungen führt.
Geht man mit Daten richtig um, lassen sich erstaunliche Erkenntnisse aus ihnen ziehen, die sogar ins Weltall reichen. So lässt sich die Wahrscheinlichkeit für außerirdisches intelligentes Leben abschätzen.

73735 45963
02965 58303
98859 23851
33666 62570
81666 26440

Zufällige Zahlen

Für viele Berechnungen in Naturwissenschaft und Technik brauchen Computer lange Listen von zufällig verteilten Zahlen. Da es zu aufwendig wäre, sie mit einem Zufallsexperiment zu erzeugen, berechnen die Elektronenhirne sie mit Formeln. Die Zahlen sind daher nicht zufällig, aber sie sehen so aus, als ob sie es wären. Und das genügt.

Störche und Babys

Verhalten sich zwei Größen ähnlich, muss das nicht bedeuten, dass sie einen inhaltlichen Zusammenhang haben. Oft wird das aber stillschweigend angenommen. Wer das tut, kann gleich glauben, dass der Klapperstorch die Kinder bringt.

Frauen benachteiligt?

Eine Falle der Statistik ist das Simpson-Paradoxon. Stimmt eine Aussage für eine Gesamtheit, kann ihr Gegenteil für alle Teilgruppen gelten. So wurde etwa eine Universität verklagt, weil sie angeblich Bewerberinnen auf Studienplätze schlechter behandelte als männliche Bewerber. Unterteilt man die Frauen aber nach Fächern, verschwindet die vermeintliche Benachteiligung.

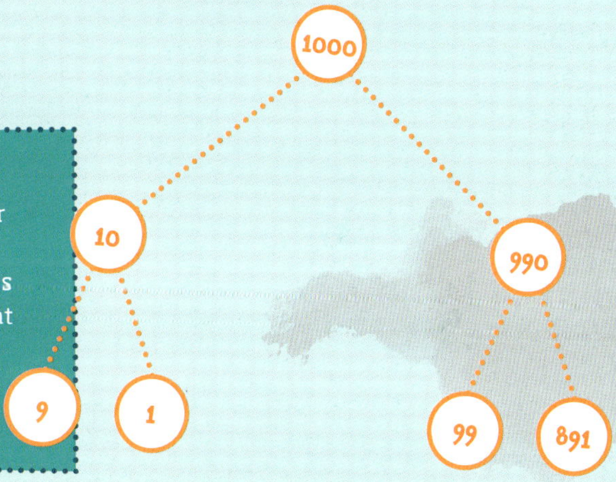

Krank oder nicht?

Wenn ein Test auf eine Krankheit bei dir anschlägt, musst du dir dann Sorgen machen? Wie wahrscheinlich es ist, dass du tatsächlich erkrankt bist, hängt nicht nur von der Qualität des Tests ab. Auch wie stark die Krankheit verbreitet ist, spielt dabei eine große Rolle.

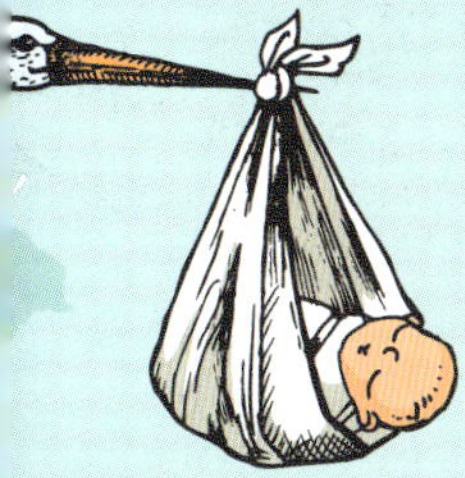

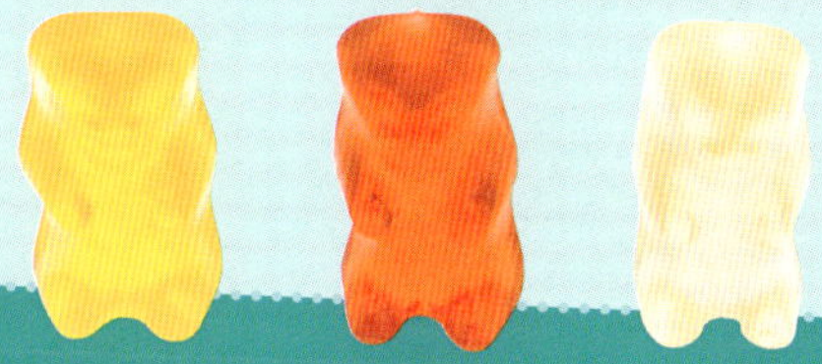

Gummibärchen erschmecken

Wie kannst du beweisen, dass du die Farbe von Gummibärchen am Geschmack erkennen kannst? Bei einem Test könntest du ja auch zufällig häufig auf die richtige Farbe tippen. Mit der Mathematik des Zufalls kannst du erkennen, ob du nur Glück beim Raten hattest.

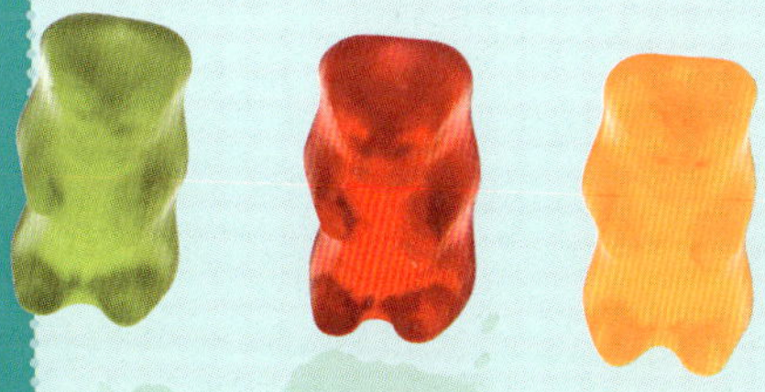

Gummibärchen und Tabletten

Max behauptet, er könne Gummibärchen am Geschmack erkennen. »Das schaffst du nie, du rätst doch bloß«, hält ihm Marie entgegen. Wie können die beiden herausfinden, wer recht hat?

Rot, Weiß oder Grün?

Sie beschließen, einen Versuch zu machen. Max soll mit verbundenen Augen zehn Gummibärchen essen und jeweils bestimmen, welche der sechs verschiedenen Farben – Weiß, Gelb, Orange, Hellrot, Rot, Grün – sie haben. Marie schreibt auf, wann Max richtig tippt und wann er danebenliegt.

Am Ende stehen jeweils fünf Striche auf dem Papier. Max hat fünfmal die richtige Farbe genannt und fünfmal die falsche. Glaubt Marie ihm jetzt, dass er die Farbe erschmecken kann? Oder hat Max nur fünfmal Glück gehabt?

Wenn Max nur geraten hat, sollte er mit einer Wahrscheinlichkeit von einem Sechstel bei einem Gummibärchen richtig liegen. Das sind $16{,}\overline{6}$ Prozent. Vielleicht hat er nur zufällig gut geraten und bei zehn Versuchen fünf Treffer gelandet?

Ob das so ist, kann niemand sagen. Glücklicherweise kennt Marie sich aber mit Mathematik aus. Sie rechnet aus, wie groß die Wahrscheinlichkeit ist, durch bloßes Raten mindestens fünf von zehn Treffern zu erzielen: Sie ist geringer als zwei Prozent. In nicht einmal zwei von hundert Fällen schafft Max also fünf Treffer, wenn er nur rät. Das ist sehr unwahrscheinlich. Marie bleibt nichts anderes übrig, als ihm abzunehmen, dass er die Farbe erschmecken kann.

Hätte Max nur drei Gummibärchen richtig erkannt, hätte Marie ihm wohl nicht geglaubt. Denn drei Richtige erzielt man durch pures Raten immerhin in etwa 22 von 100 Fällen.

Den Zufall bändigen

Nach dem gleichen Muster erstellen Fachleute viele Statistiken. Wie Marie und Max mit ihren zehn Gummibärchen untersuchen sie vergleichsweise wenige Fälle. Sie ziehen eine sogenannte Stichprobe. Und dann schließen sie von ihr auf eine größere Gesamtheit. Dabei schätzen sie das Risiko ab, dass die Auswahl der Fälle das Ergebnis verfälscht.

Bei einem Test von neuen Medikamenten etwa werden Versuchspersonen ausgewählt und in zwei Gruppen geteilt: die eine Gruppe bekommt das neue Mittel, die andere ein Placebo, also eine Tablette, die keinen Wirkstoff enthält. Wenn dann das neue Medikament

Gummibärchen raten

Die Farbe von wie vielen Gummibärchen kannst du bei zehn Versuchen erschmecken? Probiere es aus! In der Tabelle findest du die Wahrscheinlichkeiten, mit denen man mindestens die jeweilige Trefferzahl durch reines Raten erzielt.

0	100 Prozent
1	84 Prozent
2	52 Prozent
3	22 Prozent
4	7 Prozent
5	2 Prozent
6	0,3 Prozent
7	0,03 Prozent

besser abschneidet als das Placebo, lässt sich ausrechnen, wie groß die Wahrscheinlichkeit ist, dass dies nur auf zufällige Schwankungen zurückzuführen ist. So könnten etwa die Auswahl der Versuchspersonen und ihre Einteilung in Gruppen das Ergebnis verzerren. Ist die berechnete Wahrscheinlichkeit kleiner als ein bestimmter vor dem Test festgelegter Wert, zum Beispiel ein Prozent, hat das Medikament seine Wirksamkeit bewiesen.

Ähnlich geht man bei Umfragen vor. Statt alle Deutschen zu fragen, führen die Meinungsforscherinnen und Meinungsforscher nur mit einer kleinen Auswahl Interviews, meist 500, 1000 oder 2000 Menschen. Arbeiten sie ordentlich, berechnen sie dabei, wie groß die Rolle des Zufalls bei der Wahl der Befragten ist.

Das Vorgehen ist in allen Beispielen ähnlich. Aus einer Grundgesamtheit – egal ob sie aus Gummibärchen, Patientinnen und Patienten oder den Menschen in Deutschland besteht – wird eine Stichprobe ausgewählt. Nur diese wird untersucht und das Ergebnis auf die Gesamtheit übertragen.

Ob die Hochrechnungen stimmen oder nicht, können auch die besten Fachleute nicht mit Sicherheit sagen. Doch berechnen sie die Wahrscheinlichkeit für Fehler, die sich aus der Auswahl ergeben. So bändigen sie die Launen des Zufalls mit einer Zahl. Ist diese klein genug, gelten die Ergebnisse als verlässlich.

Mithilfe von Computern lassen sich heute viel mehr Daten erfassen und untersuchen als früher. Dadurch haben sich Statistiken enorm verbessert. Spezielle Programme ermöglichen es, Ergebnisse auszurechnen und anschaulich darzustellen.

➔ Schon gewusst?

Vor gut 100 Jahren erfand der Bonner Unternehmer Hans Riegel das Gummibärchen. Der Name seiner Firma Haribo stammt von den Anfangsbuchstaben Ha(ns) Ri(egel) Bo(nn).

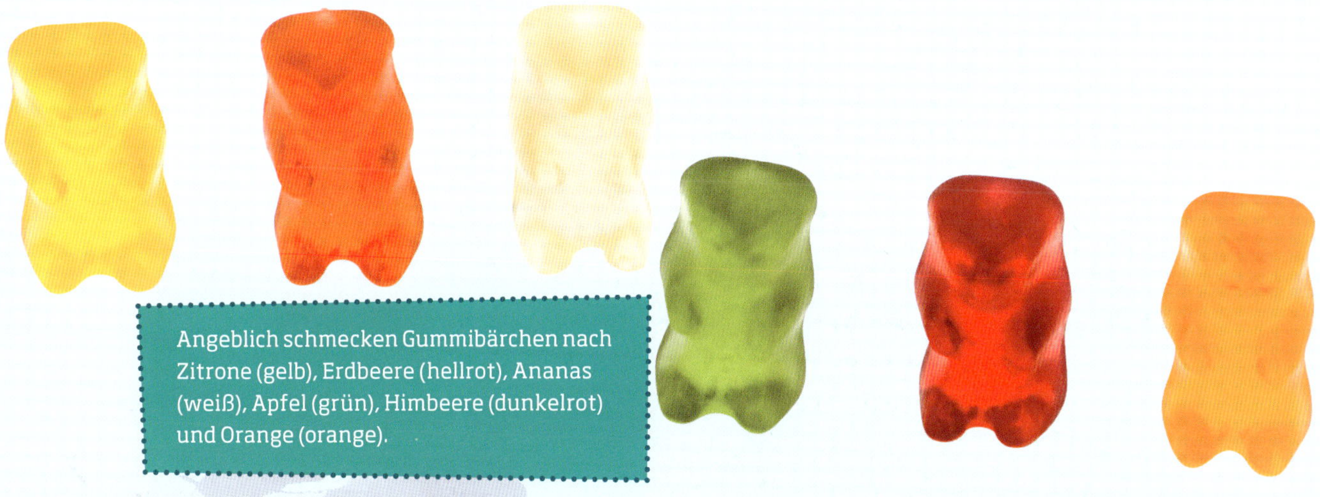

Angeblich schmecken Gummibärchen nach Zitrone (gelb), Erdbeere (hellrot), Ananas (weiß), Apfel (grün), Himbeere (dunkelrot) und Orange (orange).

Matheritis

In Formelland ist die gefährliche Krankheit Matheritis ausgebrochen. Schon ein Prozent der Bevölkerung, das heißt eine Person von 100, hat sich angesteckt. Glücklicherweise gibt es einen Test, der Matheritis bei Infizierten zu 90 Prozent erkennt. Manchmal, genauer zu 10 Prozent, schlägt der Test fälschlicherweise bei einem gesunden Probanden an. Stelle dir vor, du lebst in Formelland und der Test hat bei dir eine Ansteckung erkannt. Machst du dir dann Sorgen?

Hast du dich angesteckt?

Selbst wenn Matheritis eine gefährliche Krankheit ist, brauchst du keine allzu große Angst zu haben. Denn wahrscheinlich hast du dich gar nicht angesteckt. Du fragst dich: Wie kann das sein, wenn der Test doch genau das ergeben hat?
Nehmen wir an, die Behörden in Formelland testen 1 000 Menschen. Von ihnen ist 1 Prozent erkrankt. Da Prozente Hunderstel sind, entspricht das einem Hundertstel von 1 000, das sind 10 Personen. Bei 90 Prozent von ihnen, also bei 9 Menschen, stellt der Test das auch richtig fest. Es werden aber noch 990 weitere Personen getestet, die allesamt gesund sind. Bei ihnen schlägt der Test immerhin zu 10 Prozent an, das heißt, bei einem Zehntel von ihnen wird fälschlicherweise eine Matheritis angezeigt. Das sind 99 Fälle.
Insgesamt schlägt der Test demnach bei 9 + 99 = 108 Menschen an, von denen nur 9 erkrankt sind. Die Wahrscheinlichkeit, dass sich jemand tatsächlich mit Matheritis angesteckt hat, wie der Test ergeben hat, ist damit gerade mal $\frac{9}{108} = \frac{1}{12} = 8{,}\overline{3}$ Prozent.

Der Häufigkeitsbaum

Die Grafik veranschaulicht den Sachverhalt mit einem sogenannten Häufigkeitsbaum. Ganz oben stehen die 1 000 getesteten Menschen. In der mittleren Ebene teilen sie sich auf in 10, die sich angesteckt haben, und 990 Gesunde. Unten unterscheiden wir links bei den Kranken zwischen denjenigen 9, bei denen der Test angeschlagen hat, also positiv ausgefallen ist, und der 1 Person, bei der der Test versagt hat und negativ geblieben ist. Rechts unten haben wir die 99 Gesunden, bei denen der Test fälschlicherweise positiv war, und die restlichen 891 Gesunden mit negativem Test.
Erstaunlich: Auch wenn dein Test ergibt, dass du dich angesteckt hast, gibt es keinen Grund zur Panik. In 11 von 12 Fällen handelt es sich um einen Fehlalarm. Und das, obwohl der Test von den Zahlen her gut dasteht: Zu stolzen 90 Prozent erkennt er die Krankheit und nur bei 10 Prozent der Gesunden gibt er falschen Alarm.
Den Prozentzahlen nach scheint der Test sehr zuverlässig zu sein. Berechnen wir hingegen die Wahrscheinlichkeit, dass jemand Matheritis hat, wenn er positiv getestet wurde, sieht er nicht mehr so gut aus. Denn diese sogenannte bedingte Wahrscheinlichkeit beträgt nur gut acht Prozent.

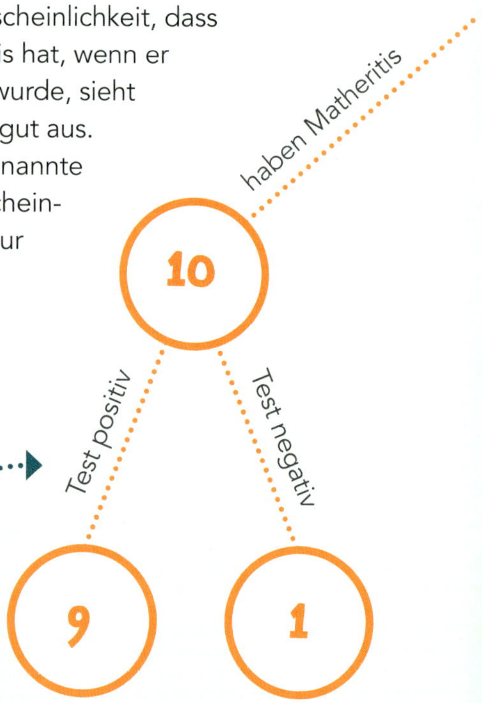

Von 1 000 Tests sind 108 positiv, doch bei 99 davon ist die getestete Person trotzdem gesund.

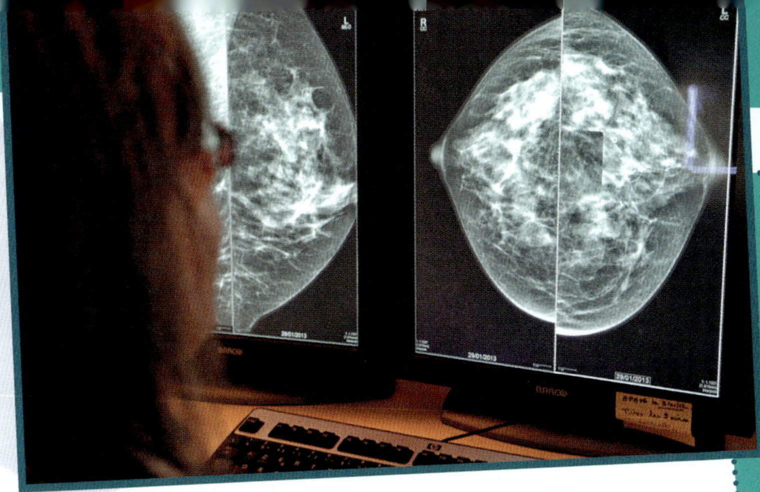

Bei der Mammografie wird die weibliche Brust geröntgt. So lässt sich Krebs frühzeitig erkennen. Allerdings zeigt die Untersuchung bei sehr vielen der untersuchten Frauen ein falsch positives Ergebnis an. Das bedeutet, dass der Befund abgeklärt werden muss. Bis das geschehen ist, machen sich die Betroffenen dann Sorgen. Es ist also wichtig, dass die Ärztinnen und Ärzte ihre Patientinnen über die Wahrscheinlichkeiten aufklären.

Krebs oder nicht?

Das Beispiel ist natürlich frei erfunden. Doch gibt es in Wirklichkeit viele vergleichbare Fälle, in denen eine Minderheit mithilfe eines Tests ermittelt werden soll.
Bei der Mammografie zum Beispiel werden Frauen auf Brustkrebs untersucht. Da glücklicherweise nur relativ wenige Frauen an dieser Krankheit leiden, ergibt sich dasselbe Problem wie bei der Matheritis. Selbst wenn der Test verlässlich arbeitet, wird er bei mehr gesunden Frauen anschlagen als bei kranken. Werden die Betroffenen nicht darüber aufgeklärt, kann das schlimme Folgen haben. Sie fürchten vollkommen unnötig eine schwere Erkrankung und unterziehen sich vielleicht sogar einer überflüssigen Behandlung.

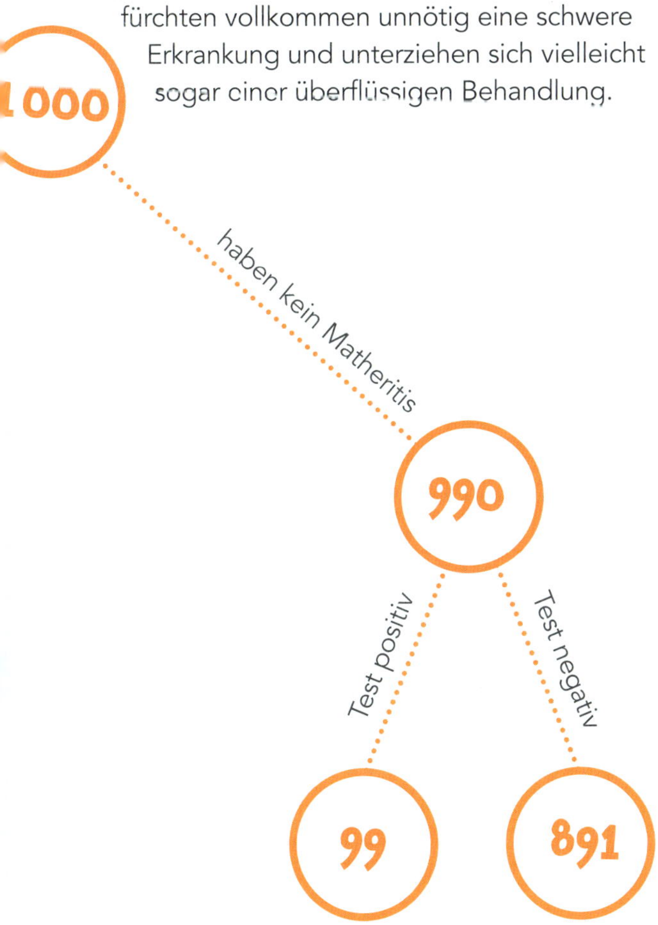

Bedingte Wahrscheinlichkeit

Die Wahrscheinlichkeit von etwas unter der Voraussetzung, dass etwas anderes eingetreten ist, heißt bedingte Wahrscheinlichkeit. Ein Beispiel: In einer Schulklasse gibt es 13 Mädchen und 13 Jungs. Bis auf eines haben alle Mädchen lange Haare. Von den Jungen hat dagegen nur einer lange Haare. Dann ist die Wahrscheinlichkeit, dass eine zufällig ausgewählte Person aus der Klasse lange Haare hat, $\frac{13}{26}$ = 50 Prozent.
Denn von 26 Schülerinnen und Schülern haben 12 Mädchen plus ein Junge lange Haare. Wenn du aber weißt, dass die zufällig ausgewählte Person ein Mädchen ist, beträgt die Wahrscheinlichkeit für lange Haare $\frac{12}{13}$ gleich 92,3… Prozent.
Denn 12 von 13 Schülerinnen tragen ihre Haare lang. Durch die Bedingung, dass die ausgewählte Person ein Mädchen ist, sind die Chancen für lange Haare also stark gestiegen: von 50 Prozent auf 92,3… Prozent. Ist die ausgewählte Person ein Junge, beträgt die bedingte Wahrscheinlichkeit für lange Haare hingegen nur $\frac{1}{13}$ gleich 7,6… Prozent.

Bringt der Storch die Babys?

Der Klapperstorch bringt die Babys. Und wer Eis isst, bekommt häufiger einen Sonnenbrand. Was? Das glaubst du nicht? Beides lässt sich vermeintlich beweisen. In Gegenden, in denen es viele Störche gibt, kommen mehr Kinder zur Welt als dort, wo wenige oder keine Störche leben. Und immer wenn viele Menschen Eis essen, verbrennen sich auch viele die Haut.

Korrelation ...

Aber du hast natürlich recht, wenn du die Aussagen anzweifelst. Zwischen Störchen und Babys beziehungsweise Speiseeis und Sonnenbrand gibt es keinen ursächlichen Zusammenhang, sie korrelieren nur miteinander. Das heißt, die jeweiligen Häufigkeiten dieser Ereignisse wachsen und schrumpfen in gleichem Maß.
Das hat jeweils einfache Gründe. In ländlichen Gegenden nisten mehr Störche und die Menschen dort heiraten durchschnittlich früher als in Städten und bekommen mehr Kinder. Und Eis essen die meisten Leute dann, wenn es heiß ist und die Sonne scheint. Zugleich droht dann der Sonnenbrand.
In diesen beiden Beispielen ist die Sache natürlich klar. Niemand wird behaupten, dass der Storch die Babys bringt und Eis Sonnenbrand verursacht. In anderen Zusammenhängen ist die Lage aber oft nicht so eindeutig. So haben etwa Studien festgestellt, dass Jugendliche, die gern elektronische Ballerspiele wie zum Beispiel Ego-Shooter spielen, häufig andere körperlich angreifen. Macht das Spielen von Ego-Shooter also aggressiv?
Das ist durch diese Studien noch lange nicht bewiesen. Es könnte zum Beispiel sein, dass die Eltern von den Jugendlichen, die gern am Computer ballern, oft nur wenig Zeit für ihre Kinder haben und diese deswegen sowohl viel zocken als auch aggressiv auftreten.

... und Kausalität

Korrelation – das heißt, zwei Größen wachsen und schrumpfen in gleichem Maß – muss nicht unbedingt an einer Kausalität liegen.
Bei einer Kausalität verursacht die eine Größe das Verhalten der anderen. Manche Studien behaupten jedoch genau das. Denn eine Korrelation ist oft leicht nachzuweisen, eine Kausalität hingegen nicht. Um sie zu belegen, genügt es nicht, Daten zu sammeln. Auch wenn die Zahlen noch so sehr Hand in Hand gehen, beweist das keinen ursächlichen Zusammenhang. Der lässt sich nur mit einem Versuch erbringen. Und der hat es meist in sich. Denn störende Einflüsse sind nicht leicht auszuschließen.
Beispiel Medikamententest. Bevor ein neues Mittel zugelassen wird, muss die Firma, die es auf den Markt bringen will, in sogenannten klinischen Studien seine Wirksamkeit nachweisen. Dazu teilt sie eine größere Zahl an Versuchspersonen zufällig in zwei Gruppen: Die eine bekommt die neue Arznei, die andere nicht. Für einen gültigen Nachweis genügt das indes nicht. Denn die Versuchspersonen, die das Mittel bekommen, werden allein deswegen eine Verbesserung ihrer Beschwerden bemerken, weil sie glauben, dass die Tablette ihnen hilft. Deswegen bekommen die Personen der anderen Gruppe ebenfalls Pillen, die genauso aussehen, aber keinen Wirkstoff enthalten, sogenannte Placebos.

Auch wenn es wieder mehr Störche gibt – die Babys bringen sie nicht.

Kurz und knapp

Korrelation zwischen zwei Größen bedeutet, dass sich die eine genauso verhält wie die andere. Kausalität steht dafür, dass die eine Größe das Verhalten der anderen verursacht. Eine Kausalität hat immer eine Korrelation zur Folge. Andersherum ist es oft verkehrt, von einer Korrelation auf eine Kausalität zu schließen.

D wie Depression

Wer zu wenig Vitamin D im Blut hat, leidet oft an Depressionen – die beiden Ereignisse korrelieren. Führt also ein Mangel an diesem Stoff zur psychischen Krankheit? Oder bewirkt vielleicht die Depression, dass der Körper zu wenig von dem Vitamin aufnehmen kann? Oder ist die Ursache gar etwas ganz anderes, wie zum Beispiel ein bestimmtes Gen, das zugleich einen Mangel an Vitamin D wie auch eine Depression hervorrufen kann? Das ist alles möglich und bis heute konnte die Wissenschaft das noch nicht beantworten.

Um ein klares Ergebnis zu bekommen, haben sich Doppelblindstudien bewährt: Weder die Versuchspersonen wissen, zu welcher Gruppe sie gehören, noch die Ärztinnen und Ärzte. Denn zuweilen führte deren Wissen dazu, dass die Patienten und Patientinnen spüren, wer das richtige Mittel bekommt und wer nicht. Deswegen empfanden die einen dann eine Verbesserung und die anderen nicht. Bei anderen Fragestellungen, wie zum Beispiel, ob Ballerspiele aggressives Verhalten verursachen, ist es noch viel schwieriger oder gar unmöglich, sie ohne störende Einflüsse zu untersuchen. Denn wie soll man für gleiche Bedingungen in allen Familien sorgen? Das ist unmöglich. Und wer nur aus einer Korrelation Schlüsse zieht, kann auch gleich an den Klapperstorch glauben.

Die Macht der Einbildung

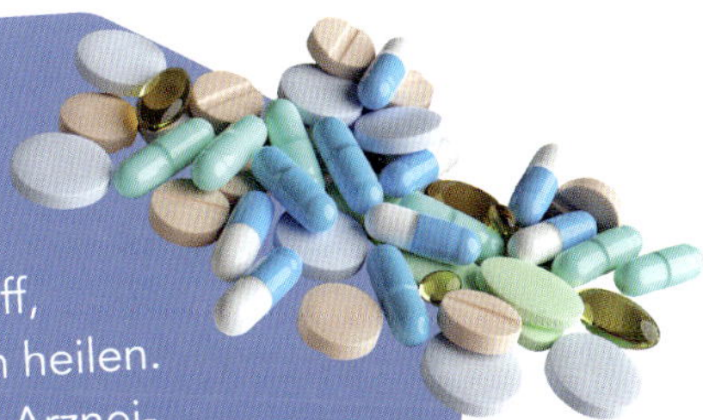

Medikamente ohne Wirkstoff, sogenannte Placebos, können heilen. Allein der Glaube daran, ein Arzneimittel genommen zu haben, sorgt dafür, dass sich die Beschwerden der Erkrankten verringern. Mehrere Studien haben ergeben, dass Placebos noch besser wirken, wenn sie als bunte Tabletten dargereicht werden und teuer sind.

Frauen benachteiligt?

Vor einigen Jahren musste sich die bekannte University of Berkeley vor Gericht verantworten. Angeblich hatte die kalifornische Universität männliche Kandidaten bevorzugt. 44 Prozent der Männer, die sich für ein Studium beworben hatten, erhielten eine Zusage, aber nur 35 Prozent der Frauen. Daraufhin wurde die Hochschule verklagt.

An der Uni beworben

Ein Gutachten stellte vor Gericht fest, dass die Universität sich bewerbende Frauen nicht benachteiligt, sondern sogar leicht bevorzugt hatte. Die Klage wurde daraufhin abgewiesen. Wie kann das sein?
Der Grund für die irreführenden Zahlen war eine Falle der Statistik, die als Simpson-Paradoxon bekannt ist: Aussagen über eine Gruppe von Menschen können ganz anders ausfallen als die über Teilgruppen.
Etwas vereinfacht stellt sich das Problem der University of Berkeley so dar: Die Hochschule bietet zwei verschiedene Fächer – Elektrotechnik und Medizin – an, zu denen sich Frauen und Männer bewerben.

Elektrotechnik	Frauen	Männer
Bewerbungen	20	100
Angenommen	15	70
Anerkennungsrate in Prozent	75 %	70 %

Medizin	Frauen	Männer
Bewerbungen	100	20
Angenommen	25	4
Anerkennungsrate in Prozent	25 %	20 %

Zu beiden Studiengängen lässt die Universität einen größeren Anteil der sich bewerbenden Frauen zu als der Männer. Anders sieht es aus, wenn die Zahlen für die beiden Fächer zusammengezählt werden:

Elektrotechnik und Medizin	Frauen	Männer
Bewerbungen	120	120
Angenommen	40	74
In Prozent	$33{,}\overline{3}$ %	$61{,}\overline{6}$ %

Hier sind plötzlich die Frauen klar im Nachteil. Der Grund ist, dass sie sich verstärkt für Medizin interessieren und es da nur wenige Studienplätze gibt. Der Verdacht, dass Frauen in der Auswahl benachteiligt sind, stimmt nicht. Zu kritisieren wäre höchstens, dass es nur wenige Studienplätze in einem Fach gibt, das viele Frauen studieren wollen.

Die University of Berkeley ist eine der berühmtesten Hochschulen der Welt. Mit Stolz verweist die kalifornische Universität auf über 100 Nobelpreisträgerinnen und -träger aus ihren Reihen. Sogar ein chemisches Element, das Berkelium, wurde nach der Hochschule benannt. Jährlich bewerben sich dort mehr als 100 000 junge Menschen auf weniger als 20 000 Studienplätze.

Ausländer schlauer?

Das Simpson-Paradoxon taucht immer wieder mal in den Medien auf. So meldete etwa das Statistische Bundesamt einmal, Personen mit Migrationshintergrund hätten häufiger Abitur als solche ohne. Menschen ausländischer Herkunft wären demnach besser ausgebildet als Deutsche ohne fremde Wurzeln. Das ist erstaunlich, oder?
Wenn man die Zahlen des Bundesamtes genauer ansieht, stimmt die Aussage nicht. In den einzelnen Altersgruppen schneiden die Menschen aus eingewanderten Familien schlechter ab. Da sie aber im Durchschnitt deutlich jünger sind als Personen mit deutschen Wurzeln und Junge häufiger Abitur haben als Ältere, haben sie die Nase vorn, wenn alle Altersgruppen zusammengefasst werden.
Ein anderes Beispiel bietet eine Statistik zu Corona. Berechnet man, wie groß der Anteil der Todesfälle an den Infizierten ist, steht Italien schlechter da als China. In dem südeuropäischen Land starb ein fast doppelt so großer Anteil der an Corona Erkrankten wie im asiatischen Land. Der Grund dafür ist aber nicht eine schlechtere gesundheitliche Versorgung der Patienten, sondern das Simpson-Paradoxon. In Italien leben viel mehr ältere Menschen als in China und die haben ein deutlich höheres Risiko, an Corona zu sterben. Betrachtet man die Altersgruppen einzeln, hatten jüngere wie ältere Erkrankte in Italien eine größere Chance zu überleben als in China.

Benannt ist das Simpson-Paradoxon nicht nach der gleichnamigen Familie einer bekannten Fernsehserie, sondern nach dem britischen Statistiker Edward Simpson.

Edward Simpson
1922–2019

Schon gewusst?

Seit 2021 studieren an den deutschen Hochschulen mehr Frauen als Männer. Im Fach Medizin liegt ihr Anteil bei mehr als 60 Prozent, in der Elektrotechnik bei rund 20 Prozent.

Will eine Firma ein neues Medikament auf den Markt bringen, muss sie vorher in Studien nachweisen, dass es auch wirkt. Auch hier besteht die Gefahr eines Simpson-Paradoxons. Deshalb sollten die Versuchspersonen sorgfältig ausgewählt sein und Teilgruppen nach Geschlecht und Alter untersucht werden.

Zufallszahlen

Bestimmt hast du schon einige Zeit mit Computer- oder Handyspielen verbracht, bei denen der Zufall eine Rolle spielt. Bei Kartenspielen etwa kommen die Karten immer wieder in einer anderen zufälligen Reihenfolge. Und bei Candy Crush sind die Süßigkeiten in jedem Spiel anders angeordnet. Sogar in Schachprogrammen entscheidet der Computer hin und wieder zufällig, nämlich dann, wenn es mehrere gleich gute Zügen gibt.

Regen und Roboter

Na ja, wirklich zufällig geht es dabei nicht zu. Die Elektronik bestimmt mithilfe sogenannter Zufallszahlen Spielkarten, Süßigkeiten und Schachzüge. Genau genommen haben diese Zahlen aber gar nichts mit Zufall zu tun. Sie sind vielmehr die Ergebnisse von Rechnungen und heißen daher auch Pseudozufallszahlen. Erstmals eingesetzt wurden solche Pseudozufallszahlen vor rund 80 Jahren im US-amerikanischen Manhattan-Projekt zur Entwicklung der Atombombe, um die komplizierten physikalischen Rechnungen zu bewältigen. Seitdem sind sie aus der Wissenschaft nicht mehr wegzudenken. So helfen sie zum Beispiel abzuschätzen, ob es morgen regnet oder nach welcher Betriebsdauer ein Gerät erstmals ausfällt oder ob sich auf der Autobahn ein Stau bildet. Mithilfe von ihnen spielen Computer in Sekunden nach, was in der Wirklichkeit Wochen, Monate oder Jahre dauert. Und das nicht nur einmal: Gefüttert mit immer neuen Pseudozufallszahlen führen sie die Rechnungen Tausende von Malen durch. Dabei zählen sie, wie oft ein Ergebnis wie etwa »Regen am nächsten Tag« oder »Ausfall eines Bauteils nach einem Monat« auftritt. So lässt sich eine Wahrscheinlichkeit dafür abschätzen.

Selbst wenn es um Aufgaben geht, die nichts Zufälliges an sich haben, sind solche Zahlenfolgen unverzichtbar. So spüren Geologinnen mit ihnen Ölvorkommen auf und steuern Ingenieure Roboterarme.

Vorgetäuschter Zufall

Bei ihren Rechnungen verschlingen Computer Millionen von Pseudozufallszahlen. Daher wäre es zu aufwendig, zu würfeln oder sie mit einmal angelegten Tabellen zu füttern. Stattdessen ermitteln die Rechner mit einfachen Formeln Folgen von Zahlen, die so aussehen, als ob sie zufällig wären. Damit verfügen sie jederzeit über ausreichend lange Listen. Allerdings sind die Zahlen daher auch nicht wirklich zufällig. Das macht aber nichts. Denn in der Regel genügt es, wenn die Zahlenfolgen bestimmte Eigenschaften haben. Zum Beispiel sollte auf lange Sicht jede Zahl gleich häufig auftreten. Und es sollten nicht zu oft gleiche Zahlen hintereinander kommen. Allerdings auch nicht zu

Im US-amerikanischen Manhattan-Projekt haben Wissenschaftlerinnen und Wissenschaftler die Atombombe entwickelt. Bei den dafür notwendigen Berechnungen stützten sie sich erstmals auf Folgen von Pseudozufallszahlen.

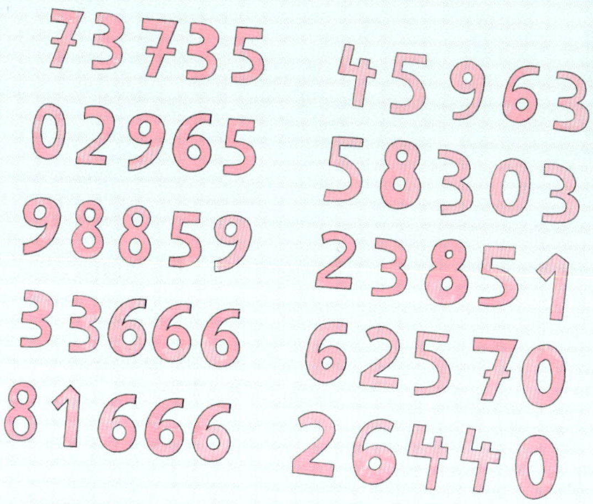

1955 erschien ein Buch mit einer Million Zufallszahlen, die Ergebnis eines physikalischen Versuchs waren.

selten. Das passiert meist, wenn Menschen sich zufällig aussehende Zahlenfolgen ausdenken sollen. Stehen etwa alle Ziffern von 0 bis 9 zur Verfügung, würden viele für die ersten sechs Stellen lauter verschiedene Ziffern wählen. Dabei ist die Wahrscheinlichkeit dafür nur etwa 15 Prozent. Und zehn verschiedene Ziffern hintereinander kommen sogar nur zu knapp 0,04 Prozent vor.
Erzeugen hingegen Computer mit entsprechenden Programmen Pseudozufallszahlen, so tauchen bei ihnen sechs verschiedene Ziffern hintereinander zu rund 15 Prozent und zehn verschiedene zu 0,04 Prozent auf. Zudem bestehen sie zahlreiche weitere Prüfungen auf zufälliges Aussehen. Der sogenannte Poker-Test etwa untersucht jeweils Blöcke aus fünf aufeinander folgenden Zahlen. Selbst wenn sie nur das Ergebnis von Rechnungen sind, lassen sich die Pseudos kaum von wirklichen Zufallsfolgen unterscheiden.

Der wirkliche Zufall

Was wirkliche Zufallszahlen sind, darüber haben Mathematikerinnen und Mathematiker lange gegrübelt. Wirfst du mehrfach eine Münze und schreibst für Kopf eine 0 hin und für Zahl eine 1, erzeugst du zufällige Zahlen. Die Schwierigkeit dabei: Fliegt die Münze zum Beispiel fünfmal durch die Luft, taucht jede Folge von 00000 bis 11111 mit gleicher Wahrscheinlichkeit auf. Für 00000 ist sie ebenso
$\frac{1}{2} \cdot \frac{1}{2} \cdot \frac{1}{2} \cdot \frac{1}{2} \cdot \frac{1}{2} = \frac{1}{32}$ = 3,125 Prozent
wie für 11001, auch wenn Letzteres viel zufälliger aussieht. Denn die Münze hat kein Gedächtnis. Auch nach viermal Kopf ist die Wahrscheinlichkeit für Kopf im fünften Wurf wieder gleich
$\frac{1}{2}$ = 50 Prozent.

Seit rund 60 Jahren gilt das Problem jedoch als gelöst: Eine Zahlenfolge gilt als zufällig, wenn sie sich nicht mit einer kürzeren Zeichenfolge beschreiben lässt. Die Folge 1111… lässt sich kurz schreiben als »lauter Einser«, 01010101… als »wiederhole 01«. Bei wirklichen Zufallsfolgen darf es keine solche Beschreibung in Kurzform geben.

Bilder sammeln

Wenn du schon mal ein Album mit Sammelbildern angelegt hast, kennst du das Problem: Manche Bilder hast du schon viele Male bekommen, von anderen kein einziges. Denn wie bei der zufälligen Auswahl von Zahlen ist es auch hier eher unwahrscheinlich, dass lauter verschiedene Bilder gezogen werden. Gezogen heißt hier, dass sich das Bild in deinem Einkauf als Beigabe befindet.
Liegen zum Beispiel 25 verschiedene Bilder jeweils einer Tafel Schokolade bei, musst du 90 Tafeln kaufen, um mit einer Wahrscheinlichkeit von mehr als 50 Prozent einen vollständigen Bildersatz zu erhalten. Das ist mehr als die dreifache Anzahl der Bildmotive.

Sind wir allein?

Die Mathematik des Zufalls hilft, die schwierigsten Probleme zu lösen. Schon immer fragen sich die Menschen, ob es irgendwo im Weltall, weit weg von der Erde, Leben gibt. Schließlich wäre es schon ziemlich cool, wenn es Aliens nicht nur in Filmen gäbe. Vor 60 Jahren stellte der US-amerikanische Astrophysiker Frank Drake eine Formel auf, mit der sich die Wahrscheinlichkeit berechnen lässt, dass andere Zivilisationen in unserer Heimatgalaxie im Weltall, der Milchstraße, existieren.

Sieben Unsicherheiten

In der Formel tauchen sieben Größen auf, die miteinander malgenommen werden. Sie stehen für folgende Punkte:

1. Wie viele Sterne entstehen jedes Jahr in der Milchstraße?
2. Um wie viele dieser Sterne kreisen Planeten?
3. Auf wie vielen dieser Planeten herrschen Bedingungen, unter denen sich Leben entwickeln kann?
4. Wie oft ist auf diesen Welten tatsächlich Leben entstanden?
5. Wie wahrscheinlich ist es, dass sich dort sogar intelligentes Leben entwickelte?
6. Wie viele dieser außerirdischen Zivilisationen haben Radioantennen erfunden und können sich daher mit uns austauschen?
7. Wie lange überleben sie und schicken Nachrichten ins All?

Je nachdem, wie man diese Fragen beantwortet, ergibt die Drake-Formel unterschiedliche Ergebnisse: von fast sicher keine bis Tausende außerirdischer Zivilisationen.
Seit Frank Drake seine Rechnung aufstellte, diskutiert die Fachwelt sie leidenschaftlich. Anfangs gab es zu keiner der sieben Fragen verlässliche wissenschaftliche Ergebnisse. Damals war nicht einmal klar, ob in unserer Milchstraße außerhalb unseres Sonnensystems überhaupt Planeten existieren.

Erste Fortschritte

Heute lassen sich zumindest die ersten beiden Fragen wissenschaftlich begründet beantworten: Pro Jahr entsteht im Durchschnitt ungefähr ein Stern neu und um etwa jeden zweiten Stern kreist ein Planet.
Auch auf die dritte Frage, auf wie vielen davon lebensfreundliche Bedingungen herrschen, können die Fachleute inzwischen die Antwort abschätzen. Vor einigen Jahren entdeckten sie die ersten Planeten außerhalb unseres Sonnensystems, die einen passenden Abstand

Frank Drake mit seiner Formel, die berechnet, wie wahrscheinlich außerirdische Zivilisationen sind.

$$N = R_* \cdot f_p \cdot n_e \cdot f_l \cdot f_i \cdot f_c \cdot L$$

zu ihrem Stern haben: Sie sind weder so nah an ihrer Sonne, dass es auf ihnen zu heiß wäre, noch so weit entfernt, dass sie Eiswüsten wären. Schätzungen zufolge sollten die Temperaturen auf mindestens 500 Millionen Planeten in unserer Milchstraße Leben ermöglichen. Ganz schön viele Kandidaten für belebte Welten! Die letzten vier Fragen konnte die Wissenschaft bisher nicht klären. Kürzlich errechneten etwa Forschende der Universität im englischen Nottingham mit einer leicht veränderten Drake-Formel, dass die wahrscheinlichste Anzahl für intelligente Lebensformen in unserer Milchstraße 36 beträgt. Neben der Menschheit würde es also 35 weitere Zivilisationen geben. Allerdings sollen diese fremden Welten mehrere Tausend Lichtjahre entfernt sein. Und das ist unfassbar weit! Ein Lichtjahr ist die Strecke, die Licht in einem Jahr zurücklegt. Die vermeintlichen Aliens wären Hunderte Millionen mal weiter von uns weg als die Sonne.

Warum waren sie noch nicht da?

Der US-amerikanische Physiker Enrico Fermi ging davon aus, dass die Erde nicht die absolute Ausnahme ist. Selbst wenn die Wahrscheinlichkeit für einen einzelnen Stern sehr klein ist, dass sich in seinem Planetensystem intelligentes Leben entwickelt. Da es seit Milliarden Jahren Milliarden Sterne in unserer Milchstraße gibt, sollte es irgendwo mal geschehen sein. Dann stellt sich aber die Frage: Wo sind sie? Warum sind noch keine Außerirdischen gelandet oder haben wenigstens Kontakt zu uns aufgenommen?
Antworten darauf gibt es viele. Vielleicht haben die Außerirdischen kein Interesse an uns. Oder jede Zivilisation zerstört sich selbst zum Beispiel durch Atombomben oder Klimaerwärmung, bevor sie dazu fähig ist, weite Reisen ins Weltall zu unternehmen. Oder wir sind tatsächlich allein.

Unter dem Namen SETI, Search for Extra Terrestrial Intelligence, zu Deutsch: Suche nach außerirdischer Intelligenz, sind seit Jahrzehnten große Antennen ins Weltall gerichtet. Sie sollen Nachrichten ferner Zivilisationen aufstöbern. Die Wahrscheinlichkeitsrechnung hilft, diese aus anderen Signalen herauszufiltern. Bisher blieb die Suche ohne Erfolg.

Schon gewusst?

Eine Kommunikation über Tausende von Lichtjahren hinweg ist nach heutiger Technik unmöglich. Vielleicht gibt es also außerirdisches intelligentes Leben. Weil es so weit von uns entfernt ist, werden wir aber möglicherweise nie davon erfahren.

Alles auf einen Blick

Gratuliere, du hast es geschafft und kennst dich jetzt mit dem Zufall gut aus! Für Münzwurf, Würfeln, Roulette und Lotterie kannst du deine Chancen berechnen oder wenigstens durch gezieltes Probieren herausbekommen. In anderen Fällen kannst du die Wahrscheinlichkeiten gut abschätzen. Auf dieser Seite findest du noch mal kurz zusammengefasst, was du inzwischen alles über die Mathematik des Zufalls weißt – und das ist schon jede Menge.

Torten und Diagramme

Häufig stellen Medien Wahrscheinlichkeiten in bunten Bildern dar. Du kannst sie richtig deuten und weißt, worauf du achten musst, um sie richtig zu verstehen.

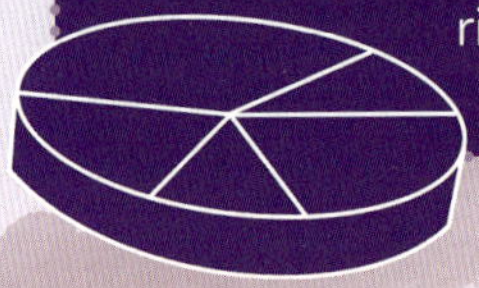

Würfel ohne Gedächtnis

Wenn du dreimal hintereinander eine Sechs gewürfelt hast, ist die Wahrscheinlichkeit, beim nächsten Mal wieder eine Sechs zu werfen, wieder genau ein Sechstel. Denn der Würfel hat kein Gedächtnis. Er weiß nicht, dass schon dreimal die Sechs oben lag. Langfristig wird sich nur die relative Häufigkeit der Sechser auf ungefähr ein Sechstel einpendeln. Zwischendrin kann es aber immer wieder zu Folgen von vielen Sechsern nacheinander oder langen Strecken ohne Sechser kommen.

Keine Verschwörung

Die USA sind nie auf dem Mond gelandet und Corona war eine Erfindung von reichen und mächtigen Menschen, um die Weltbevölkerung zu verkleinern. Immer wieder machen solche Verschwörungstheorien die Runde. Die Mathematik des Zufalls kann sie widerlegen. Denn es wäre sehr unwahrscheinlich, dass alle Mitwissenden der Verschwörung dichthalten und auch sehr lange Zeit nichts verraten. Je nachdem, wie viele Leute zum Beispiel bei den angeblichen Filmaufnahmen der Mondlandung in einem Studio mitgewirkt haben, kann man ausrechnen, wie lange es dauert, bis es jemand ausplaudert.

Was zu erwarten ist

Bei Glücksspielen wie Roulette kannst du den Erwartungswert ausrechnen. Er gibt deine Chancen an, wenn du das Spiel sehr oft hintereinander ausführst. Bei einem negativen Erwartungswert verlierst du auf lange Sicht, bei einem positiven gewinnst du.

Lotto

Du weißt, wie man die Wahrscheinlichkeit ausrechnet, beim Lotto zu gewinnen. Beim in Deutschland beliebten 6aus49 beträgt sie für sechs Richtige ungefähr 0,000007 Prozent. Das ist wirklich sehr, sehr wenig. Doch wenn es klappt, winken Millionen Euro. Deswegen spielen viele Menschen jede Woche Lotto. Um einen möglichst hohen Gewinn dabei zu erzielen, sollte man übrigens vermeiden, dass die angekreuzten Zahlen ein Muster auf dem Lottoschein ergeben. Denn dann wird der Gewinn meist auf sehr viele Spielerinnen und Spieler aufgeteilt und fällt dementsprechend klein aus.

Normalverteilt

1,80m

Viele Größen streuen, wenn man eine größere Zahl von Fällen betrachtet, nach dem gleichen Muster symmetrisch um ihren Mittelwert. Beispiele sind der Blutdruck, der Intelligenzquotient, das Körpergewicht und die Größe von Menschen oder die Anzahl von Sonnenstunden im Jahr. Bei diesen Größen genügt es, nur wenige zu kennen, um auf die Allgemeinheit zu schließen.

Die Anfänge

Entstanden ist die Mathematik des Zufalls vor 350 Jahren in einem Briefwechsel zwischen zwei französischen Gelehrten. Anlass dazu war die Anfrage von reichen Adligen, die viel Geld beim Glücksspiel verloren hatten und nach Rat suchten. Bald darauf stützten sich die damals aufkommenden Versicherungen auf die neue Mathematik.

Anders als gedacht

In vielen Fällen sind die berechneten Wahrscheinlichkeiten ganz anders, als man auf den ersten Blick denken könnte. Die Mathematik des Zufalls ist voller Paradoxa, das heißt voller scheinbar falscher Aussagen, die sich jedoch bei genauerem Hinsehen als richtig herausstellen.

Störche und Babys

Wächst und schrumpft eine Größe in gleichem Maß wie eine andere, muss deswegen nicht die eine die Ursache der anderen sein. Die Anzahl der Störche in einer Gegend und die der Geburten von Babys verhalten sich oft gleich. Trotzdem bringt nicht der Storch die Babys.

Gleiche Geburtstage

Wettest du darauf, dass zwei Kinder in deiner Schulklasse am selben Tag im Jahr Geburtstag haben, gewinnst du wahrscheinlich. Schon bei 26 Kindern ist die Wahrscheinlichkeit dafür bei rund 60 Prozent, bei 30 Kindern sind es rund 70 Prozent und bei 40 Kindern schon rund 90 Prozent.

Im Zweifel ausprobieren

Bist du dir über die Wahrscheinlichkeiten, bei einem Spiel zu gewinnen, unsicher, kannst du es oft ausprobieren. Wirfst du etwa zwei Münzen 20-mal hintereinander, findest du heraus, dass die Kombination Kopf-Zahl ungefähr doppelt so oft fällt wie Kopf-Kopf.

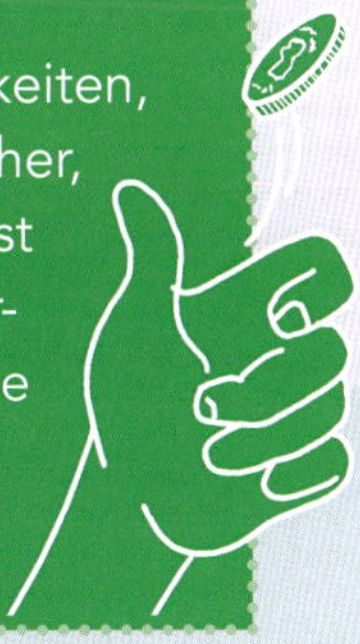

Zufallszahlen

73735

Zufällige Zahlenfolgen spielen in Wissenschaft und Technik eine große Rolle. Meist werden allerdings keine wirklich zufälligen Zahlen verwendet, sondern nur solche, die so aussehen, als ob sie es wären, sogenannte Pseudozufallszahlen.

Balkendiagramm: Darstellung von – meist statistischen – Zahlen in einer Grafik. Die Höhe der Balken gibt dabei die Größe der entsprechenden Zahl wieder.

Bedingte Wahrscheinlichkeit: Die Wahrscheinlichkeit, dass ein Ereignis eintrifft, unter der Voraussetzung, dass ein anderes bereits eingetroffen ist.

Bruch: Entsteht beim Teilen einer ganzen Zahl durch eine andere ganze Zahl. Wahrscheinlichkeiten werden oft als Bruch angegeben. Wandelt man die für Wahrscheinlichkeiten verwendeten Brüche in Kommazahlen um, liegen diese immer zwischen 0 und 1.

Dezimalbruch: Anderes Wort für eine Kommazahl. Die Ziffern vor dem Komma geben den ganzzahligen Anteil der Zahl wieder, die hinter dem Komma stehen für den gebrochenen Anteil. Gibt ein Dezimalbruch eine Wahrscheinlichkeit an, steht vor dem Komma immer eine 0. Die erste Stelle nach dem Komma sind die Zehntel, die zweite die Hundertstel und so weiter.

Doppelblindstudie: Werden neue Medikamente auf ihre Wirksamkeit getestet, so geschieht das in Doppelblindstudien, also Tests, bei denen weder die Patientinnen und Patienten noch die Ärztinnen und Ärzte wissen, wer das Medikament bekommt und wer eine Tablette ohne Wirkstoff, ein sogenanntes Placebo, erhält.

Drake-Formel: Formel, die die Wahrscheinlichkeit abschätzt, dass es irgendwo anders im Weltall außer auf der Erde intelligentes Leben gibt.

Dreier-Regel: Regel, mit der man aufgrund der Vergangenheit abschätzen kann, wie lange etwas wahrscheinlich noch existiert.

Ereignis: Eine Möglichkeit, wie ein Zufallsexperiment ausgehen kann. Beim Würfeln zum Beispiel ist ein Ereignis, eine Sechs zu würfeln. Ein anderes ist es, eine gerade Augenzahl zu erzielen.

Erwartungswert: Gibt wieder, was bei Spielen langfristig zu erwarten ist. Bei positivem Erwartungswert gewinnt die oder der Spielende langfristig, bei negativem verliert sie oder er.

Faires Spiel: Ein Spiel ist fair, wenn sein Erwartungswert 0 ist. Das ist dann der Fall, wenn sich bei mehrmaligem Wiederholen des Spiels langfristig Gewinne und Verluste ausgleichen.

Geburtstagsparadoxon: In einer Gruppe von 23 Menschen oder mehr ist es wahrscheinlicher, dass mindestens zwei von ihnen am gleichen Tag im Jahr Geburtstag haben, als dass alle an verschiedenen Tagen feiern.

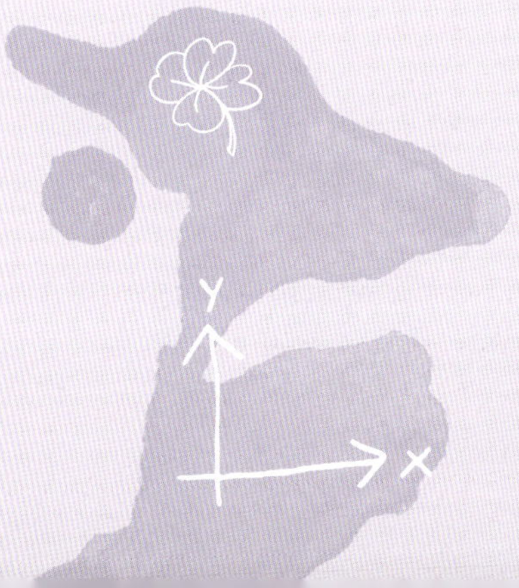

Gegenereignis: Das Gegenteil zu einem Ereignis. Für das Ereignis »eine Sechs beim Würfeln« zum Beispiel ist das Gegenereignis »keine Sechs«, also eine Eins, Zwei, Drei, Vier oder Fünf zu würfeln. Die Wahrscheinlichkeit für ein Ereignis berechnet sich immer als 1 minus der Wahrscheinlichkeit für das Gegenereignis.

Geschwisterproblem: Es besteht aus folgender Frage: Wenn jemand zwei Geschwister hat und sagt, eines davon sei ein Junge, wie groß ist dann die Wahrscheinlichkeit dafür, dass auch das andere Geschwister männlich ist?

Gesetz der großen Zahlen: Mathematischer Satz über die relativen Häufigkeiten bei mehrfach wiederholten Zufallsexperimenten. Wirft man zum Beispiel oft genug eine Münze, pendeln sich die relativen Häufigkeiten für Kopf auf ungefähr ein halb ein: Etwa bei der Hälfte der Würfe liegt am Ende der Kopf oben.

Kausalität: Das Verhalten einer Größe verursacht das Verhalten einer anderen. Legen sich zum Beispiel viele Familien eine Katze zu, steigen auch die Verkaufszahlen von Katzenfutter.

Kommazahl: Anderes Wort für Dezimalbruch.

Korrelation: Eine Größe wächst und schrumpft im gleichen Maß wie eine andere. Ein ursächlicher Zusammenhang muss dabei nicht bestehen. Eine Korrelation darf daher nicht mit einer Kausalität verwechselt werden.

Laplace'scher Dämon: Ein Gedankenexperiment, nach dem eine Intelligenz, die den Zustand der Welt zum jetzigen Zeitpunkt genau kennen würde, die Zukunft exakt vorausberechnen könnte.

Lotto 6aus49: In Deutschland beliebtes Glücksspiel, bei dem Millionen Euro gewonnen werden können. Wer mitmacht, kreuzt sechs von 49 Zahlen an und hofft, dass genau diese Zahlen gezogen werden.

Manhattan-Projekt: Militärisches Forschungsprojekt in den USA, das im Zweiten Weltkrieg die erste Atombombe entwickelte.

Median: Reiht man eine ungerade Anzahl von Werten der Größe nach auf, ist der Median derjenige Wert, der in der Mitte steht. Bei einer geraden Anzahl ist der Median der Mittelwert der beiden Werte in der Mitte.

Mittelwert: Zählt man mehrere Werte zusammen und teilt das Ergebnis durch deren Anzahl, erhält man ihren Mittelwert.

Normalverteilung: Wichtige Verteilung von Wahrscheinlichkeiten, mit der sich zum Beispiel die Körpergröße von Menschen, ihr Intelligenzquotient oder Unfallschäden, für die Versicherungen aufkommen müssen, beschreiben lassen.

Paradoxon: Scheinbar unsinnige Behauptung, die sich bei genauerer Untersuchung als wahr herausstellt. Hier: Situationen, in denen sich die berechneten Wahrscheinlichkeiten von dem unterscheiden, was man erwarten würde.

Pasch: Wenn beim Würfeln mit zwei Würfeln beide Würfel dieselbe Augenzahl zeigen.

Problem des Spielabbruchs: Beschäftigt sich mit der gerechten Verteilung des Gewinns, wenn ein Spiel, das über mehrere Runden gehen sollte, vorzeitig abgebrochen werden muss.

Prozent: Möglichkeit, eine Wahrscheinlichkeit anzugeben. Hat ein Ereignis zum Beispiel eine Wahrscheinlichkeit von 50 Prozent, so wird es in 100 Fällen ungefähr 50-mal eintreten.

Pseudozufallszahlen: Zahlenfolge, die zufällig aussieht, aber in Wirklichkeit nach einer einfachen Formel berechnet wurde. In Wissenschaft und Technik werden Pseudozufallszahlen häufig verwendet.

Relative Häufigkeit: Anzahl der gewünschten Ergebnisse geteilt durch die Anzahl aller Ergebnisse. Wirft man 100-mal eine Münze und zeigt sie dabei 51-mal Kopf, ist die relative Häufigkeit für Kopf $\frac{51}{100}$.

Roulette: Glücksspiel, bei dem eine Kugel zufällig in einem von 37 Fächern landet, die mit den Zahlen von 0 bis 36 bezeichnet sind.

Sicheres Ereignis: Ereignis mit der Wahrscheinlichkeit 1. Beim Münzwurf zum Beispiel, dass Kopf oder Zahl herauskommt.

Simpson-Paradoxon: Statistik, in der Aussagen über eine Gesamtheit den Aussagen über deren Teilgruppen widersprechen.

Statistik: Teilgebiet der Mathematik, das Massenerscheinungen mithilfe einzelner Beobachtungen zu erfassen versucht.

Stochastik: Anderes Wort für die Mathematik des Zufalls.

Streuung: Verteilung von einzelnen Werten um ihren Mittelwert. Je weiter die Werte von diesem entfernt sind, umso größer ist die Streuung.

Tortendiagramm: Darstellung von – meist statistischen – Zahlen in einer Grafik. Die Größe der einzelnen Tortenstücke gibt dabei die Größe der entsprechenden Zahl wieder.

Unmögliches Ereignis: Ereignis mit der Wahrscheinlichkeit 0. Beim Würfeln zum Beispiel, dass der Würfel sieben Augen zeigt.

Verschwörungstheorie: Versuch, eine Situation dadurch zu erklären, dass eine Gruppe von Menschen sie in eigensinniger, böswilliger Absicht geschaffen habe.

Wahrscheinlichkeit: Zahl zwischen 0 und 1, die angibt, wie wahrscheinlich ein Ereignis ist. Wird oft auch in Prozent angegeben. Beispiel: Beim Würfeln erzielt man mit einer Wahrscheinlichkeit von $\frac{1}{6} = 16,\overline{6}$ Prozent eine Sechs.

Ziegenproblem: Eine Aufgabe in der Mathematik des Zufalls, über die vor einigen Jahren heftig gestritten wurde.

Zufallszahlen: Eine Folge von zufällig gewählten Zahlen.

Archiv Tessloff: 1m (Würfel), 3or (Hand, Münze), 5om (Tortendiagramm), 8or (Mark Twain), 9o (Tortendiagramm), 10-11um (Bruchrechnung), 13ml (Laplace'scher Dämon), 15or (Lottokugeln), 16u (Würfelspiel-Brett), 19um (Lottokugeln), 21or (Roulette), 24mm (Grimes-Formel), 26ur (Panzer), 29or (Icon Glühbirne), 30ur (Hand mit Gummibärchen), 32or (Hand, Münze), 35ur (Hand, Münze), 35ul (Wahrscheinlichkeitsrechnung), 37mr (Socken und Münzen), 39u (Gottfried Wilhelm Leibniz), 40ul (Sechser-Wurf), 42ul (Blaise Pascal), 43um (Pierre de Fermat), 46or (Zufallszahlen), 50-51um (Häufigkeitsbaum), 55or (Edward Hugh Simpson), 55ur (Fragezeichen), 57ol (Zufallszahlen), 58ol (Ufo), 58ul (Drake-Formel), 59or (Alien), 60-61 (Icons);
picture alliance: 2or (akg-images), 5ur (akg-images), 7ol (Justus de Cuveland/ imageBROKER), 7ul (pa-Partner), 7mr (Andrew Brookes/Westend61), 8ul (Eckehard Schulz/ AP Photo), 12ul (akg-images), 14ur (Norbert Michalke/imageBROKER), 15mm (NASA/Legacy Collection/PictureLux), 19or (Becker & Bredel/dpa), 21ul (akg-images), 24-25um (Neil Armstrong/ASSOCIATED PRESS), 36-37um (Mary Evans Picture Library), 43ol (World History Archive), 47or (MATTHEW HEALEY/newscom), 51ol (François Destoc/maxppp), 57ur (Christoph Hardt/Geisler-Fotopress), 58ur (Carin Ashjian/ASSOCIATED PRESS);
Shutterstock: 2mr (Drazen Zigic), 3mr (Everett Collection), 4or (pim pic), 4u (EFKS), 5ml (ktsdesign), 6ol (FarisFitrianto), 6ml (ramcreations), 6ul (creativeneko), 7ml (muratart), 7or (Thx4Stock), 14or (Studio Romantic), 15ur (ASDF_MEDIA), 17ol (Studio Romantic), 18u (alexandre17), 19ur (Khomulo Anna), 22or (Drazen Zigic), 22ur (Jacob Lund), 23mr (Gorodenkoff), 25ol (GoodStudio), 26ul (sirtravelalot), 27ml (Anastasiia Malinich), 27ur (Ground Picture), 28u (Mensch Icon: Leremy), 31ol (Danny Iacob), 32ur (Sharomka), 33mr (Ground Picture), 33ur (Sergey Merkulov), 34um (StGrafix), 37ol (MEDIAIMAG), 39o (Sergey Merkulov), 41ol (spass), 45o (Ground Picture), 45um (Andrey Burmakin), 46mr (Alexander_P), 47ur (A v.d. Wolde), 49u (A v.d. Wolde), 49mr (Pressmaster), 52-53um (Alexander_P), 53mr (Tatjana Baibakova), 53ur (pixelfabrikasi), 56u (Everett Collection), 59ml (Felix Lipov);
Wikipedia: 13or (CC BY-SA 4.0/Annetta177), 13ur (PD/ Tournachon, Gaspard-Félix), 33ol (PD/Museu Nacional d'Art de Catalunya, Barcelona (MNAC)), 54-55um (PD/University of California, Berkeley)

Umschlagillustrationen: Archiv Tessloff

Text: Dr. Wolfgang Blum
Lektorat: Daniel Hoch für booklab GmbH, München
Gestaltung & Illustration: Annelie Stenzel, Ulla Reißenweber
Bildredaktion: Susanne Wiechert

ISBN 978-3-7886-7699-5